LOS CUATRO SIGNOS DE UN
CATOLICO
DINAMICO

MATTHEW KELLY

TRADUCCIÓN POR VILMA G. ESTENGER, PH.D.

DynamicCatholic.com
Be Bold. Be Catholic.®

LOS CUATRO SIGNOS DE UN CATOLICO DINAMICO

ISBN: 978-1-942611-14-1

Según el Código de la Ley Canónica
por la presente yo concedo el Imprimatur ("Permiso para Publicar")
a Los Cuatro Signos de un Católico Dinámico.

Reverendo Joseph R. Binzer
Obispo Auxiliar
Arquidiócesis de Cincinnati
Cincinnati, Ohio, USA
24 de Octubre, 2012

El Imprimatur ("Permiso para Publicar") es una declaración de que un libro
se considera estar libre de errores doctrinales o morales. No está implicado
que quienes han concedido el Imprimatur estén de acuerdo con el contenido,
las opiniones, o afirmaciones expresadas.

Dynamic Catholic® y Be Bold. Be Catholic.®
y The Best Version of Yourself® son
marcas registradas del Instituto El Católico Dinámico

Diseño de la Cubierta: Shawna Powell
Diseños Interiores: Shawna Powell
Foto del Autor: Peggy McHale Joseph

Para más información sobre este título y sobre otros libros y discos compactos
disponibles por medio del Programa de Libros del Católico Dinámico,
por favor, visiten: www.DynamicCatholic.com

The Dynamic Catholic Institute
5081 Olympic Blvd * Erlanger, Kentucky 41018
Teléfono: 1-859-980-7900
Correo Electrónico: info@Dynamic Catholic.com

INDICE DE MATERIAS

Prólogo
5

Capítulo Uno
POSIBILIDADES INCREIBLES
9

Capítulo 2
¿ESTAN SALUDABLES ESPIRITUALMENTE?
43

Capítulo Tres
EL GENIO DEL CATOLICISMO
79

Capítulo Cuatro
LAS PERSONAS MAS FELICES QUE CONOZCO
119

Capítulo Cinco
CAMBIANDO EL MUNDO
157

Capítulo Seis
UN NUEVO NIVEL DE PENSAMIENTO
204

Epílogo
233

Prólogo

HABIA UNA VEZ un dueño de un negocio muy exitoso.
Su compañía había servido fielmente a millones de clientes por
muchos, muchos años. Pero últimamente el negocio no había
estado tan bueno, y sus competidores sólo estaban esperando a
que fallara. Por semanas y meses el hombre ponderó su crisis,
mas los problemas eran muy complejos y parecía que no se podía
encontrar soluciones.

Todos se preguntaban qué le pasaría a esta gran compañía y,
finalmente, el dueño aunció que iba a dar una comida para todos sus
empleados para revelar un plan que habría de salvar la compañía
y devolverle su gloria anterior. El quería manifestarles cuán
importante cada uno era para el futuro éxito de la organización.

En la mañana del día de la comida, estaba sentado en el
estudio de su casa trabajando en su discurso cuando su esposa
entró y le preguntó si no le importaría cuidar a su hijo por unas
horas, mientras ella iba a hacer unas diligencias. El estaba a
punto de decir, "en realidad, necesito concentrarme en terminar
mi discurso," pero algo se apoderó de su lengua y se encontró
accediendo, de mala gana.

Hacía solamente unos diez minutos que su esposa se había ido, cuando alguien tocó a la puerta del estudio, y allí apareció su hijo de siete años de edad. "Papá, ¡estoy aburrido!", exclamó el niño. El padre pasó las próximas dos horas tratando de entretener a su hijo mientras también trataba de terminar su discurso. Finalmente, se dio cuenta de que si no podía encontrar alguna manera de entretener a su hijo nunca iba a terminar su discurso a tiempo.

Tomando una revista, pasó las páginas hasta encontrar un mapa del mundo grande y colorido. Rompió la foto en docenas de pedazos, y llevó a su hijo a la sala. Entonces, echando los pedazos en el suelo, le dijo, "Hijo, si puedes rehacer el mapa del mundo, te voy a dar veinte dólares".

En seguida, el muchacho empezó a unir los pedazos. Estaba interesado en ganarse ese dinero, porque necesitaba precisamente veinte dólares más para comprar el juguete para el cual había estado ahorrando desde su cumpleaños anterior. El padre regresó al estudio pensando que acababa de comprar un par de horas para acabar de trabajar en su discurso, porque sabía que su hijo de siete años no tenía la menor idea de cómo lucía el mapa del mundo.

Sin embargo, cinco minutos después, justo cuando empezaba a concentrarse en su discurso, nuevamente alguien tocó a la puerta del estudio. Allí estaba el niño sujetando el mapa del mundo completo.

Asombrado, el padre dijo, "¿Cómo lo terminaste tan pronto?" Sonriendo, el niño dijo, "Tú sabes, papá, no tenía la menor idea de cómo lucía el mapa del mundo, pero al recoger los pedazos noté que por detrás había una foto de un hombre". El padre sonrió, y el niño continuó diciendo, "Así que puse una hoja de papel, y uní la foto del hombre, porque sabía cómo lucía. Puse otra hoja de papel arriba, y sujetándolas bien apretadas les di vuelta". El niño sonrió nuevamente y exclamó, " Me imaginé que si tenía al hombre bien, el mundo estaría bien".

El hombre le dio a su hijo los veinte dólares. "Y tú me has dado mi discurso para esta noche. Si haces que el hombre esté bien, haces que el mundo esté bien".

Capítulo Uno

POSIBILIDADES INCREIBLES

TRANFORMAR A LAS PERSONAS una por una está en el centro del plan de Dios para el mundo. Es también esencial desarrollar matrimonios dinámicos, familias amorosas, comunidades parroquiales vibrantes, economías florecientes, y naciones extraordinarias. Si hacemos que el hombre (o la mujer, por supuesto) esté bien, el mundo estará bien. Siempre que se conviertan en su mejor versión, las consecuencias de su transformación repercutirán en su matrimonio, en su familia, en su parroquia, en su nación, y más allá en personas y lugares en el futuro. Es Dios quien hace la transformación, pero solamente en la medida en que nosotros cooperemos. La gracia de Dios es constante, nunca falta. De modo que nuestra cooperación con el deseo de Dios de transformarnos es esencial; es la variable. ¿Están dispuestos a dejar que Dios los transforme?

Ayudar a las personas con esta transformación de lo que son a lo que son capaces de ser es la gran obra. ¿Es la Iglesia Católica la mejor del mundo asistiendo a hombres y mujeres a convertirse en todo lo que Dios los creó para ser? Hoy día, la mayoría de las personas diría que no. Podemos discutir sobre esto, pero no debíamos tener que hacerlo. ¿Debemos ser la mejor del mundo en esto sin lugar a dudas? Yo creo que sí.

Durante veinte años he estado hablando y escribiendo sobre el genio del catolicismo. Lo he hecho con la esperanza de que podría ayudar a otros a tener una idea de lo que el catolicismo es y cómo puede transformarnos, y transformar el mundo, si lo abrazamos. Supongo que, a un nivel muy básico, quiero que otros experimenten la alegría que la fe católica ha traido a mi vida.

En mis viajes, he notado que algunos católicos están más envueltos que otros, pero nunca he hecho tiempo realmente para explorar el por qué. Esta es una pena con la que viviré por el resto de mi vida, porque si hubiera hecho tiempo para comprender realmente la diferencia entre católicos muy envueltos y católicos desconectados, la obra que mi equipo y yo hemos realizado en las últimas dos décadas podría haber sido infinitamente más efectiva. Ahora todo eso ha cambiado. Las ideas contenidas en este libro han transformado la manera en que hablo, escribo, y vivo. Pero estamos adelantándonos. Así es como todo empezó….

Hace varios años, estaba comiendo con un grupo de sacerdotes en Minnesota antes de un evento. Yo era el único laico sentado a la mesa, y algunos sacerdotes empezaron a hablar sobre distintas cosas que estaban pasando en su parroquia. Uno de los sacerdotes era muy joven, y se lamentaba de cómo pocas personas estaban activamente envueltas en su parroquia. Mi mente estaba empezando a desviarse hacia sobre lo cual yo iba hablar en el evento, cuando oí algo que me hizo volver al momento. Sentado a la cabecera de la mesa como un rey, estaba un sacerdote cálido, humorista, y completamente realista que tiene que haber pesado 350 libras y haber tenido casi ochenta años de edad. Apuntando hacia la mesa con un dedo, le dijo al joven sacerdote, "Escucha, en los últimos cuarenta años, yo he sido párroco de siete parroquias, y puedo decirte que no importa a dónde vayas, descubrirás a las mismas cincuenta personas haciéndolo todo en una parroquia".

El comentario atrajo mi atención. Inmediatamente me pregunté si eso era cierto. En las semanas siguientes empecé a hacer llamadas telefónicas informales a algunos párrocos que conocía. Les hice preguntas como:

- ¿Quiénes son los feligreses más envueltos?
- ¿Por qué son tan dedicados?
- ¿Qué porcentaje de feligreses inscritos está envuelto activamente en la parroquia?
- ¿Qué porcentaje de los feligreses da a la parroquia con regularidad?

Las respuestas que me dieron parecían apoyar anecdóticamete el comentario del sacerdote, pero yo quería datos.

Hay un concepto conocido como el Principio de Pareto. En esencia, éste afirma que aproximadamente el 80% de los efectos viene del 20% de las causas. En negocios, con frecuencia se refieren a este mismo concepto como el principio 80/20. La idea es que el 80% de su negocio viene del 20% de sus clientes. Por ejemplo, aunque Coca-Cola tiene literalmente miles de millones de clientes, sus mayores clientes son compañías como McDonald's, Marriott, y Delta Air Lines, los cuales sirven productos de Coca-Cola a millones de personas todos los días. El concepto también puede ser aplicado a productos. El 80% de las ganancias de la mayoría de las compañías tiende a venir del 20% de sus productos. Por ejemplo, consideren a la librería Barnes & Noble. Puede haber cien mil títulos diferentes en los estantes en cualtier tienda, pero el 80% de sus ganancias vendrá del 20% de esos títulos – los libros que se venden una y otra vez.

Siempre he tenido la curiosidad de si el principio 80/20 se podría aplicar a la Iglesia, y el comentario del sacerdote había picado mi curiosidad. ¿Sería cierta la regla en las parroquias católicas? La única manera segura de averiguarlo sería obtener algunos datos precisos. En el curso de muchos meses estudié una serie de parroquias de costa a costa, examinando dos áreas en particular: voluntariado y contribuciones financieras. Ambas son signos significativos de compromiso. Lo que encontré me dejó sin habla.

¿Es el principio del 80/20 cierto en parroquias católicas? No. Ni siquiera se acerca. Esto es lo que descubrí:

- 6.4% de los feligreses inscritos contribuyen el 80% de las horas voluntarias en una parroquia
- 6.8% de los feligreses inscritos donan el 80% de las contribuciones financieras
- Hay un 84% de coincidencia entre los dos grupos

Nota: A menos que se especifique de otra manera, todas las estadísticas provienen de investigaciones realizadas por el Instituto del Católico Dinámico (The Dynamic Catholic Institute).

Yo estaba asombrado. Aproximadamente el 7% de los feligreses católicos están haciendo casi todo en su comunidad de fe y pagando casi por completo por el mantenimiento y la misión de la parroquia. Esto me llevó a la pregunta fundamental: ¿Cuál es la diferencia entre los católicos envueltos y los desconectados? Vino como una pasmosa sorpresa descubrir que no había una investigación significativa disponible sobre esta cuestión.

El futuro de la Iglesia Católica depende de que encontremos qué hace que este pequeño grupo esté tan comprometido. Si no podemos identificar lo que motiva su compromiso, no podemos reproducirlo.

En el resto del libro me referiré a este grupo de feligreses altamente comprometidos como el 7% o Católicos Dinámicos. Podemos aprender mucho de ellos. No obstante, es crítico comprender, antes de seguir adelante, que las generalizaciones pueden proveer una perspicacia increíble, pero también pueden ser muy peligrosas si se llevan demasiado lejos o fuera de contexto. El 7% no es perfecto de manera alguna, pero hay algo acerca de ellos que merece ser explorado. En su mayoría, ellos no son campeones espirituales, y serían los primeros en admitirlo. Con frecuencia, son prontos en senalar que, hoy día, no toma mucho estar en la cima del montón entre los católicos. La barra no está exactamente colocada muy alto. Pero el 7% es el más comprometido entre nosotros. Me referiré a sus homólogos menos comprometidos como el 93%.

Hay maneras casi ilimitadas para segmentar el 7% y el 93%. No todos en el 7% son iguales. Aún entre este grupo, compromiso, actitudes, y hábitos espirituales difieren significativamente. No hace falta decir que entre los del 93% hay diferencias enormes. Algunos de este grupo van a Misa todos los Domingos mientras que otros están completamente desconectados. Tengan presente que este grupo incluye del 7.01% al 100% (más de setenta y un millones de los setenta y siete millones de católicos en los Estados Unidos).

Al principio, encontré estos resultados muy desalentadores, pero resulta que ésta puede ser la mejor noticia que la Iglesia Católica ha recibido en décadas. ¿Por qué es una buena noticia que solamente el 7% de católicos americanos está muy comprometido?

Bueno, piensen en la tremenda contribución que la Iglesia Católica hace todos los días en comunidades grandes y pequeñas a lo largo de los Estados Unidos y alrededor del mundo. Cada día servimos a católicos y a no-católicos alrededor del mundo, alimentando a más personas, dándole albergue a más personas, vistiendo a más personas, cuidando a más enfermos, visitando a más presos, y educando a más estudiantes que ninguna otra institución en el planeta. Ahora, recuerden que todo esto es menos del 7% de nuestra capacidad. Eso es una buena noticia.

Si solamente el 7% de los católicos está logrando más del 80% de lo que estamos haciendo hoy, imaginen lo que el 14 podría hacer. Sin mencionar lo que el 21% o el 35% podría lograr. Nuestro potencial es increíble. La Iglesia Católica es un gigante dormido. Literalmente, tenemos el poder de cambiar el mundo.

Si el año próximo comprometemos solamente a otro 1% de sus feligreses transformándolos en Católicos Dinámicos, sería un elemento de cambio. Resultaría en un 11.4% más de horas voluntarias que les permitiría servir a otros feligreses y a su comunidad con una efectividad mayor en esa cantidad. También traería un 11.4% de aumento en las entradas, el cual le permitiría a su parroquia invertir en poderosos e importantes ministerios que motivarían más compromisos. Todo esto como resultado de un cambio del 7 al 8% - sólo 1% más de católicos muy comprometidos.

Entonces, empecé a pensar, imaginen lo que podríamos hacer si pudiéramos transformar a otro 7% en feligreses muy comprometidos en los próximos siete años.

No significaría que en la parroquia todas las personas estarían apasionadamente interesadas y comprometidas – sólo el 14%. Imaginen el increíble alcance, servicio y desarrollo espiritual que su parroquia podría ofrecer.

Este es el 1% que podría cambiar el mundo. Si podemos concentrarnos en atraer a un 1% más de nuestros feligreses de una manera realmente intencionada cada año, literalmente podemos cambiar el mundo. Si tienen mil adultos en su parroquia, eso significa transformar a diez más en miembros muy comprometidos este año.

Después de este descubrimiento, por meses estuve pensando constantemente sobre cómo podríamos aumentar el número de Católicos Dinámicos en una parroquia. Entonces, un día, lo obvio me ocurrió finalmente: necesitábamos hacer más investigaciones. Necesitábamos encontrar lo que hacía diferente al 7%. ¿Qué hace el 7%, qué piensa, y qué cree?

El libro que sostienen en sus manos tiene la respuesta a esa pregunta. Hay muchas cosas que hacen al 7% diferente al resto de los católicos. Pero hay cuatro cosas que el 7% tiene en común. Yo he nombrado estos cuatro atributos y conductas que lo define, los cuatro signos de un Católico Dinámico. Estos cuatro signos son los hábitos espirituales vivificantes que animan su vida. Estoy convencido de que si trabajamos de una manera intencionada para ayudar a las personas a desarrollar una espiritualidad vibrante por medio de estos cuatro signos, veremos cosas increíbles pasar en su vida y en la vida de la Iglesia.

Hemos estado hipnotizados por la complejidad demasiado tiempo. Hay tanto en el catolicismo. Es tan rico y profundo. Como resultado, cuando tratamos de compartir la fe con otras personas, con frecuencia se sobrecogen. Aquéllos que ansían una renovación espiritual en su vida no saben dónde empezar. Los cuatro signos atraviesan la complejidad y proveen un modelo práctico y accessible para atraer católicos. Proveen un punto de partida sencillo y comprensible. También proveen un modelo perdurable para llevar continuamente a los católicos que ya están comprometidos al siguiente nivel. Dondequiera que estén en su jornada espiritual, ya sea que estén comprometidos o desconectados, espero que encuentren en los cuatro signos un modelo para la renovación.

Los Cuatro Signos – una Perspectiva General

Las cosas que hacemos repetidamente determinan nuestro carácter y nuestro destino. Esto es igualmente cierto para un atleta, un líder de negocios, un padre, o un católico. Hábitos espirituales que dan vida son los que separan al 7% del resto. Cuando estudié la vida de Católicos Dinámicos, descubrí muchas cosas que hacían que el otro 93% de católicos tendía a no hacer. De hecho, identifiqué 264 comportamientos o cualidades que eran únicas del 7%. Entonces, examiné la relación causa-efecto entre todos los 264 comportamientos, y la semejanza que existía entre ellos, para llegar a los cuatro signos de un Católico Dinámico.

Por ejemplo, algunos católicos muy comprometidos entre el 7% reza el Rosario diariamente con gran disciplina, otros van a Misa todos los días, y algunos tienen una silla grande y cómoda en la que comienzan cada día orando y reflexionando. Cada uno de éstos encuentra su lugar bajo el primer signo: Oración.

Hay algunos entre el 7% que les dirán que ir a Misa todos los días es el centro de su vida espiritual. El peligro está en pensar que es la respuesta para todo el mundo. La Misa diaria es fabulosa y ha transformado muchas vidas, pero menos del 1% de católicos americanos va a Misa diariamente. Más importante aún, para la mayoría de las personas es sencillamente imposible. Necesitamos soluciones que sean accesibles a todos, que inspiren a las personas a decir, "¡Yo puedo hacer eso!"

Hay muchas maneras de vivir cada uno de los cuatro signos; fui testigo de esto entre las personas entrevistadas. Los cuatro signos están suficientemente enfocados para producir el resultado intencionado y aún son suficientemente amplios para permitirle a cada persona enfocarlos a su manera.

Una vez más, déjenme señalar que el 7% no es perfecto de manera alguna. De hecho, la investigación descubrió muchas cosas acerca de ellos que el 93% repele. El 7% hace cosas que desalientan a otros para envolverse más. Pueden ser territoriales, excluyendo a otros de grupos o actividades. Con frecuencia, hablan un "lenguaje eclesiástico" que el 93% no entiende. Sufren de lo que yo llamaría amnesia espiritual, es decir, que han olvidado o bloqueado cuán resistentes a Dios fueron en distintos momentos de su jornada espiritual, o cuán lejos de Dios han estado en momentos de su vida. Esta amnesia espiritual les roba la habilidad para relacionarse con otras personas que están menos comprometidas. Con frecuencia, también los hace intolerantes con los católicos menos comprometidos, pensando que esas personas deben simplemente "seguir el programa".

Cualesquiera defectos tenga el 7%, pueden ser superados si abrazan los cuatro signos más completamente. Los cuatro signos no son solamente un modelo para volver a conectar a los católicos desconectados, sino también un modelo de renovación continua hasta para los católicos muy comprometidos.

Los Cuatro Signos de un Católico Dinámico son:

- ORACION

- ESTUDIO

- GENEROSIDAD

- EVANGELIZACION

A primera vista, puede ser que no parezcan ser un gran descubrimiento. Lo que yo encuentro más fascinante es la manera en que los Católicos Dinámicos enfocan cada uno de los cuatro signos. Lo que yo encuentro más admirable es la casi infalible consistencia con que se aplican a los cuatro signos, especialmente al primero y al segundo.

Aunque he dedicado un capítulo a cada uno de los signos, pienso que sería útil emprender una jornada rápida a través de todo el modelo como una perspectiva general.

El Primer Signo – Oracion

Los Católicos Dinámicos se dedican a orar diariamente.

Para estas personas, Dios no es una fuerza distante, sino más bien un amigo y consejero personal. Están tratando de escuchar la voz de Dios en su vida, y creen que hacer la voluntad de Dios es el único camino que lleva a la felicidad perdurable en este mundo cambiante (y más allá).

¿Estoy diciendo que el otro 93% no reza? No. Sus oraciones tienden a ser espontáneas, pero inconsistentes. El 7% tiene un compromiso con la oración, una rutina. La oración es una prioridad para ellos. También tienden a orar de una manera estructurada. Muchos de ellos oran a la misma hora todos los días. Para algunos, significa ir a Misa por la mañana; y para otros, sentarse en una silla grande y cómoda en un rincón de su casa o caminar, pero tienden a hacerlo de acuerdo con una estructura.

Algunos empiezan simplemente hablándole a Dios sobre su día. Otros comienzan su oración leyendo la Biblia. Y aún otros tienen un devocionario favorito con el que empiezan. Cuando en su día llegan a la hora y al lugar para rezar, tienen un plan; no lo dejan a la casualidad o a cómo se sienten. Tienen el hábito de orar, al que se aferran con gran disciplina.

Este hábito diario de orar es el resultado de una verdadera labor espiritual. Distintas cosas funcionan para distintas personas. Los principiantes en orar luchan porque tratan una cosa y no da resultado, y se desalientan. Demasiadas personas no tienen a alguien a quien volverse y discutir las complejidades de desarrollar una vida de oración práctica y sostenible. En la mayoría de los casos, el 7% ha desarrollado su rutina de oración minuciosamente probando y fallando en el curso de décadas.

Lo que es importante reconocer es que los Católicos Dinámicos tienen una hora para orar, un lugar para orar, y una estructura para su oración.

Ciertamente, el 93% ora, pero tiende a hacerlo cuando siente el deseo de hacerlo o cuando surge alguna crisis. El 7% también ora de esta manera, pero su oración espontánea está profundamente enraizada en su disciplina diaria y en su compromiso con una rutina de oración.

EL SEGUNDO Signo – ESTUDIO

Los Católicos Dinámicos son aprendices continuos.

Los Católicos Dinámicos pasan un promedio de catorce minutos cada día aprendiendo más sobre la fe. Se ven como estudiantes de Jesús y de Su Iglesia, y pro-activamente hacen un esfuerzo para dejar que Sus enseñanzas los formen.

Jesús no quiere seguidores simplmente. El quiere discípulos. Ser un discípulo cristiano empieza por sentarse a los pies de Cristo para aprender. Todos nos sentamos a los pies de alguien para aprender. ¿A los pies de quién se sientan ustedes? Para algunos es el maestro de ceremonias de un programa; y para otros, un político. Y aún para otros es un músico, un artista, un pastor, o un hombre de negocios. Pero ninguno de ellos es un sustituto para Jesús. El 7% está profundamene interesado en aprender de Jesús y sobre Jesús. Más que como una figura histórica, es visto como un amigo, un profesor, un mentor, y un Salvador. Ellos creen que Jesús les enseña por medio de las Escrituras, de la tradición cristiana, y de la Iglesia.

Los católicos muy comprometidos leen libros católicos, escuchan discos compactos católicos, ven DVDs sobre la fe, y sintonizan la radio y los programas de televisión católicos. Van a retiros con más regularidad que la mayoría de los católicos y asisten a eventos y conferencias espirituales. Están hambrientos de aprender más sobre la fe. Son aprendices continuos.

También es importante notar que aún cuando tienden a saber mucho más de la fe que el 93%, tienen una posición humilde, lo cual es un elemento crítico del segundo signo. Si no están de acuerdo con una enseñanza de la Iglesia, enfocan la cuestión de esta manera: "¿Por qué enseña la Iglesia lo que enseña? No es probable que yo sepa más que los mejores teólogos y filósofos católicos de dos mil años. "¿Qué me falta?" Desde esta perspectiva ellos exploran lo que la Iglesia enseña para comprender más la manera de Dios, deseosos de descubrir la verdad.

Cuando el 93% no está de acuerdo con una enseñanza de la Iglesia, tiende a enfocarla de una manera completamente distinta. Su actitud tiende a ser: "La Iglesia está equivocada. La Iglesia necesita ponerse al día con los tiempos. La Iglesia no me comprende. Yo sé más que las mejores mentes católicas de dos mil años". Lo más sorprendente es que con frecuencia llegan a estas conclusiones con poco más de una comprensión superficial de lo que la Iglesia enseña y por qué.

El segundo signo se trata de un aprendizaje continuo, de la disciplina diaria de explorar la manera de Jesús y el genio del catolicsmo.

EL TERCER SIGNO – GENEROSIDAD
Los Católicos Dinámicos son generosos.

Los Católicos Dinámicos están llenos de un espíritu de servicio y son generosos administradores de su tiempo, de su talento, y de su tesoro.

El 7% está universalmente descrito como generosos, no sólo con su dinero y su tiempo, sino con su amor, su aprecio, su alabanza, su virtud, y su aliento. Ellos ven la generosidad en el centro del cristianismo y como la prueba de que las enseñanzas de Cristo han echado raíces en su vida.

Lo más fascinante que salió de las entrevistas en relación con el tercer signo es que los Católicos Dinámicos creen que comienza con la generosidad financiera. Ellos describen el amor al dinero y el apego a las cosas de este mundo como el impedimento principal para el crecimiento espiritual, y ven esto como algo con lo que todo el mundo lucha independientemente de si tienen mucho o poco.

Económicamente, los Católicos Dinámicos dan mucho más a su parroquia y a otras organizaciones sin fines de lucro (como un porcentaje de sus entradas anuales) que sus homólogos en el 93%.

Pero es cuán exhaustivamente la generosidad está entretejida en su vida y la espontaneidad con la que la ofrecen lo que me inspiró tanto. Ellos son amantes generosos, padres generosos, son generosos con sus colegas en el trabajo, y son generosos con los extraños que se cruzan en su camino. Son generosos con su virtud – generosos con paciencia, bondad, y compasión. La generosidad no es un requisito religioso para el 7%, es un modo de vida, una manera de llevar el amor de Dios al mundo.

EL CUARTO SIGNO – EVANGELIZACION

Los Católicos Dinámicos invitan a otras personas a crecer espiritualmente compartiendo el amor de Dios con ellas.

Habiendo visto cómo una vida espiritual vibrante los ha transformado, y todos los aspectos de su vida, los católicos muy comprometidos quieren que otras personas experimenten la alegría que fluye de tener una relación dinámica con Dios.

¿Son ustedes evangelistas? Esta es una de las preguntas que le hacemos al 7% en las entrevistas. Menos del 1% respondió afirmativamente. Cuando respondieron no, se les preguntó a quién consideran ser un evangelista. Las respuestas más comunes fueron predicadores evangélicos del pasado o del presente. Ni siquiera Juan Pablo II fue mencionado, aunque él predicó el Evangelio a más personas que ninguna otra persona en la historia. Así que aunque la evangelización está en el centro de nuestra misión católica, es importante notar que la mayoría de los católicos no hacen eco de la idea y siguen estando incómodos con este concepto y esta práctica.

Al mismo tiempo, los Católicos Dinámicos regularmente hacen y dicen cosas para compartir una perspectiva católica con las personas que cruzan su camino.

Durante las entrevistas, se le preguntó al 7% sobre el último libro católico que habían leído. Empezarían a hablar sobre el libro y les preguntaríamos dónde estaba ese libro ahora. Con más o menos frecuencia se veían confusos con la pregunta. Entonces les preguntamos si el libro estaba en su mesa de noche, en un librero, o en algún otro lugar en la casa. Respondieron, "Oh, no, se lo di a mi amiga Susana en el trabajo." Entonces se les preguntó sobre el mejor disco compacto que habían oído. "¿Dónde está ahora?" "Se lo mandé a mi hijo en California", o "Se lo di a mi amigo". Y quizás lo más revelador, el 7% es significativamente más propenso a invitar a alguien a que asista a un evento católico que el 93%.

Aunque no consideran que están evangelizando activamente, constantemente están tratando de ayudar a las personas a desarrollar una vida espiritual vibrante mediante el descubrimiento del genio y de la belleza del catolicismo.

En algunos casos, pude hablar con familiares y amigos del 7%. En estas entrevistas se hizo evidente que, en conversaciones, es mucho más que probable que los Católicos Dinámicos alienten una perspectiva que incluya a Dios y a la Iglesia.

No obstante, es importante señalar que de los cuatro signos, aún entre el 7%, éste es el menos desarrollado. Este es en el que hasta nuestros mejores y más brillantes son los más débiles.

Sin embargo, los católicos muy comprometidos saben instintivamente que ésta es una parte esencial de la vida cristiana. Compartir la fe (la evangelización) no es algo que ellos hacen; es parte de lo que ellos son. La evangelización es una extensión natural de los signos primero y segundo. De la misma manera, ellos son generosos con su tiempo y su dinero, comparten generosamente su espiritualidad siempre que surja la oportunidad. Ansían ayudar a las personas a encontrar respuestas a las preguntas que tienen sobre la fe. Quieren que otras personas experimenten la alegría que viene de tener una relación vibrante con Dios. Pero hasta los católicos más comprometidos necesitan volverse mucho más intencionados y pro-activos cuando se trata del cuarto signo.

¿Cómo están?

Los cuatro signos peden manifestarse de distintas maneras de una persona a otra. Pero imaginen por un momento si todos en su parroquia hicieran estos cuatro signos:

1. Pasar todos los días diez minutos conversando devotamente con Dios

2. Leer cinco páginas de un gran libro católico cada día

3. Dar un 1% más de lo que dieron el año pasado de sus entradas para apoyar la misión de su parroquia

4. Hacer cada semana una cosa para compartir el genio del catolicismo con otra persona.

¿Cuán diferente sería su parroquia después de un año? ¿Cuán diferente sería en diez años?

Oración, Estudio, Generosidad, y Evangelización. Es un plan sencillo, pero problemas complejos demandan soluciones sencillas. Es la simplicidad lo que permite extender la adopción y la participación.

De modo que antes de avanzar, ¿cómo están? ¿Son Católicos Dinámicos? Dénse una puntuación entre 1 y 10 por cada uno de los cuatro signos el año pasado. (Encierren su puntuación en un círculo). Si lo desean, vuelvan a leer las descripciones de cada uno de los cuatro signos, uno por uno, y entonces dense su puntuación.

Oración	1 • 2 • 3 • 4 • 5 • 6 • 7 • 8 • 9 • 10
Estudio	1 • 2 • 3 • 4 • 5 • 6 • 7 • 8 • 9 • 10
Generosidad	1 • 2 • 3 • 4 • 5 • 6 • 7 • 8 • 9 • 10
Evangelización	1 • 2 • 3 • 4 • 5 • 6 • 7 • 8 • 9 • 10

¿Cómo hicieron? En el curso de más de tres mil entrevistas, el 7% se dio una puntuación promedio de 6.5 por todos los cuatro signos, o 26 de 40. Se dieron la puntuación más alta en el primer signo (Oración) con 7.3, y la más baja en el cuarto signo (Evangelización) con 4.9. En el segundo signo (Estudio) se dieron 6.8, y en el tercero (Generosidad) 7. Así que está claro que hasta el 7% se da cuenta de que tiene que mejorar mucho.

Como seres humanos, tenemos una gran necesidad psicológica de saber que estamos progresando, y, por lo tanto, es algo crítico encontrar maneras de medir el progreso aún en un área como la espiritualidad que es tan difícil de medir.

También es algo crítico estar conscientes de que los cuatro signos están interrelacionados. Por ejemplo, si leen cinco páginas de un buen libro católico cada día (Estudio), no hay duda de que su vida de oración mejorará (Oración), será más probable que hablen con otras personas sobre las ideas que están leyendo (Evangelización), y mientras más conozcan a Dios y a Su Iglesia, es más probable que sean generosos con Dios y con el prójimo (Generosidad).

En los capítulos siguientes exploraremos cada uno de los signos detalladamente, pero espero que esta breve perspectiva general haya sido útil permitiéndoles captar una visión de todo el modelo.

Espiritualidad Aumentable

Probablemente ya han supuesto que ustedes forman parte o no del 7%. Para ser honesto, me sorprendió cuánto más disciplinadas de lo que yo soy a veces son muchas de las personas que entrevisté en cada una de las cuatro áreas. La investigación me enseñó que no soy tan buen católico com pensaba, y me asigné algunas áreas muy específicas en las que tenía que crecer.

Ya sea que se consideren parte del 7% o no, eso fue ayer; porque una vez estuvieron en el 7%, no significa que lo estarán siempre. Lo que importa es lo que hagan en el futuro.si son parte del 93%, me siento muy entusiasmado por ustedes. En su futuro hay posibilidades increíbles – una vida más satisfactoria que lo que hubieran podido imaginar. En el Instituto de Católicos Dinámicos (Dynamic Catholic Institute) estamos dedicados a ayudarlos en esta jornada, y esperamos poder proporcionarles los medios que necesitan para unirse al 7%. Si ya son parte del 7%, queremos ayudarlos a atraer y envolver al 93%.

Dondequiera que estén en la jornada, pueden estar pensando que sencillamente no tienen tiempo para nada más. El principio de mejoramiento continuo se trata de que se conviertan en su nuevo mejor amigo. Todo lo que este principio les pide que hagan es dar un pasito, y esto se puede aplicar a casi cualquier área de su vida. Hacer pequeñas inversiones diarias usualmente lleva a grandes rendimientos. Aquí están algunos ejemplos de a qué pueden aplicar el principio de mejoramiento continuo: perder peso, pagar una deuda, escribir un libro, mejorar su matrimonio, correr largas distancias, aumentar las ganancias de un negocio, leer la Biblia, y volverse un Católico Dinámico.

Los programas que le piden a la gente hacer cambios radicales fallan la gran mayoría de las veces. Ejemplos incluyen dietas que requieren cortar todos sus alimentos favoritos a la vez, planes de ahorros que insisten en que no compren nada a menos que sea absolutamente necesario, y desprenderse de una adicción en seco. Algunas personas tienen éxito en estos programas, pero la gran mayoría falla. La mayoría de nosotros necesita un camino más suave.

Algunas veces, el catolicismo parece ser como uno de esos planes muy rígidos, planes de todo o nada. Necesitamos encontrar maneras pequeñas, simples, sin amenazas, para que las personas exploren la fe y crezcan en su espiritualidad. Es cierto que Dios quiere transformar nuestra vida radicalmente, y algunas veces nos llama a dar grandes saltos. Pero la mayor parte del tiempo nos invita a realizar mejoras pequeñas y continuas.

Cualquier sugerencia de un solo gran cambio en la vida de una persona (o de una organización) tiende a ser enfrentada con niveles masivos de temor, ansiedad, y resistencia. Así que la única solución viable es dar pasos pequeños pero consistente en una dirección positiva.

Yo he leído sobre psicólogos que usaron este método magistralmente. En un caso, a un paciente que era tremendamente obeso, se le pidió que se parara en una cinta de correr por un minuto cada mañana. Eso es. ¡Solamente pararse ahí! A otro con el mismo problema pero que además estaba adicto a la televisión, simplemente se le pidió que se parara y marchara frente a la televisión por un minuto cada hora. En ambos casos, los pacientes no se volvieron más saludables en el curso de la semana siguiente, pero su médico notó que la actitud de cada paciente había cambiado.

El cambio sugerido fue tan pequeño y no amenazante, que empezaron a pensar, "¡Yo puedo hacer eso!", mientras que en el pasado lo que se les había dicho que necesitaban hacer estaba tan lejos de alcanzar que se cerraron y no hicieron nada.

El cambio, en su forma más pequeña y menos amenazante, usualmente es más exitoso.

Ahora, vamos a considerar los cuatro signos de un Católico Dinámico. Puede ser que estén diciéndose a sí mismos que tienen una vida llena, ocupada, agitada y que no hay manera que puedan incluir los cuatro signos en ella. Eso puede ser cierto. Pero ¿podrían pasar un minuto cada día durante la semana próxima concentrados en una conversación con Dios? Quizás podrían poner un despertador y tratar de hacerlo cada día a la misma hora.

¡Un pasito! Nadie está tan ocupado que no pueda apartar un minuto para una conversación con Dios cada día. Es justo un pequeño, aparentemente insignificante, no amenazante paso. Pero si se comprometen a darlo y lo practican con disciplina, se asombrarán cuánto ese minuto impacta su día.

Después de hacerlo por una semana, tal vez la próxima semana podrían agregar leer una página de un libro católico cada día. ¡Ese es otro pasito!

La semana siguiente, pueden comprometerse a practicar un acto generoso intencionado cada día.

La semana después quizás decidan pasarle a otra persona un libro católico que han estado leyendo.

Entonces, quizás avancen a dos minutos de oración, después dos páginas de un libro católico, y así sucesivamente. Pasos pequeñitos, pero que cambiarán su vida de la manera más hermosa. Tendrán más alegría. Estarán más enfocados. Tendrán un mayor sentido de lo que es más importante. Mejorarán sus relaciones. Su trabajo tomará un nuevo sentido. Desarrollarán el valor y la fortaleza para soportar el sufrimiento inevitable que es parte de cada vida. Y con el tiempo se volverán heróicamente pacientes.

Con frecuencia, los pequeños cambios parecen triviales. No asustan a la gente ni hacen que estén demasiado ansiosas, porque parecen posibles de lograr. La razón por la que parecen posibles de lograr es porque lo son. Si una transformación enorme puede romperse en pequeños cambios, encontrará poca resistencia.

Dios quiere transformarlos a ustedes y transformar su modo de vida. En este modelo de crecimiento automático periódico encontraremos la sabiduría no solamente para la transformación personal, sino también para transformar nuestras parroquias. Todos sabemos cuán ocupado está todo el mundo. De modo que necesitamos un plan que deje pensando a las personas, "¡Sí, yo puedo hacer eso!"

Con nuestra vida espiritual nuevamente energizada, y nuestras parroquias revigorizadas, entonces, y sólo entonces, la Iglesia Católica se convertirá una vez más en un faro de esperanza e inspiración para el mundo.

¡Un pasito!

¿Darían un pasito si los ayudara a darle sentido a quiénes son y para qué están aquí?

¿Lo darían si…

…llevara a una paz interior profunda y duradera?

…creyeran que llevaría a relaciones increíbles?

…pensaran que los llevaría a una vida espiritual dinámica?

…los ayudara a descubrir el genio del catolicismo?

…supieran que volvería a vigorizar a su parroquia?

Este libro se trata de ese próximo pasito. Cualquier cosa que sea para ustedes, yo estaré rezando por que tengan el valor de darlo. Espero poder inspirarlos para que lo den, y que les proporcione los medios para ayudar a otras personas a dar un pasito cada día. Al final del Capítulo I, espero que puedan decirse, "¡yo puedo hacer eso!".

Cada día Dios me invita a dar un pasito hacia El. Con frecuencia me resisto. Otros días estoy tan entusiasmado que quiero correr hacia El con un abandono imprudente y hacer por tantos días perdidos. Pero Dios me toca en el hombro y dice, "Ve despacio, disfruta la jornada – todo lo que yo pido es un pasito cada día".

Este libro no se trata de abrumarlos. Dondequiera que estén en su jornada espiritual, este libro se trata de dar el próximo pasito hacia convertirse en un Católico Dinámico. Si en algún punto se sienten abrumados, no han comprendido el mensaje.

Por supuesto que voy a compartir muchas ideas y prácticas con ustedes, pero su labor es encontrar el pasito en el que se deben concentrar en el momento y aplicarlo a su vida. Puede ser que necesiten volver y leer el libro varias veces para absorber realmente lo que estoy tratando de compartir con ustedes. Pero cada vez que lean este breve libro, concéntrense en el pasito que mejor les viene a ustedes en ese momento de su vida. Y asegúrense de tomar nota del progreso que han hecho desde la última vez que leyeron este libro, o la primera vez que lo leyeron.

La mayoría de las personas que han logrado algo que vale la pena en su vida les dirá que cuando miran hacia atrás todo pasó poco a poco. No hay tal cosa como el éxito de la noche a la mañana. La vida tiende a desarrollarse poco a poco, en pasos aumentables.

Es hora que apliquemos la sabiduría del mejoramiento continuo a nuestra vida espiritual. La espiritualidad aumentable nos permite reconocer dónde estamos y dónde somos llamados a estar, y al mismo tiempo celebrar nuestro progreso.

Intencionalidad

Henry David Thoreau observa, "A la larga, los hombres sólo le dan a lo que apuntan". Mi experiencia con personas, equipos, y organizaciones ha confirmado esta observación una y otra vez. Pero quizás lo más convincente es que cuando me distraigo en un día de trabajo, tiendo a lograr my poco. Puedo estar muy ocupado y hacer muchas cosas, sin embargo el logro verdadero no se basa en hacer muchas cosas sino en hacer las cosas más importantes.

La mayoría de nosotros no vive su vida muy intencionadamente.

¿Cuál es la primera cosa que la mayoría de la gente hace cuando llega al trabajo cada mañana? Chequear sus correos electrónicos. En realidad, la mayoría de las personas lo hace mucho antes de llegar a la oficina. Algunas chequean sus correos electrónicos cuando se despiertan, aún antes de levantarse. Pero déjenme preguntarles, ¿cuándo fue la última vez que chequearon sus correos electrónicos y pensaron, "Me alegro tanto de haber chequeado mis correos electrónico al empezar la mañana, porque realmente me ayudó a enfocar mi día estratégicamente?" Probablemente lo opuesto es cierto. Probablemente, chequear sus correos electrónicos al empezar cada mañana las previene de enfocar su día estratégicamente, porque tienden a pasar su día respondiendo a los dramas y dilemas de los correos electrónicos. Entretanto, el verdadero trabajo, el trabajo más importante, se descuida y no se hace. Las cosas más importantes siempre son las más fáciles de posponer, y tienden a requerir intencionalidad para lograrlas.

Hace unos tres años, compartí con un buen amigo mío que estaba luchando para llegar a los aspectos más importantes de mi trabajo, porque estaba constantemente distraido por reuniones, llamadas telefónicas, correos electrónicos, y otras interrupciones. La razón por la que apelé a él con este problema fue porque él trabaja como director ejecutivo y pensé que tendría muchos clientes con el mismo dilema. El sugirió que cada día, no programara reuniones y conferencias telefónicas antes de las once de la mañana. Esto me permitiría usar las primeras y mejores horas de mi día para los proyectos más importantes. Entonces, me alentó a tomar veinte minutos cada Domingo por la tarde para programar trabajar en un proyecto cada mañana la semana siguiente. Este proceso sencillo ha sido un elemento de cambio para mí. ¿Por qué? A nivel macro, impulsa la intencionalidad. Y a nivel micro, el cincuenta por ciento de la mayoría de las tareas es simplemente programarlas. Una vez que se programa algo, se está un cincuenta por ciento en el camino de logralo. Son las cosas que no programamos las que tienden a no hacerse nunca.

Algunas semanas no lo hago. No tomo esos veinte minutos para planear mi semana, ya sea porque estoy haragán, no puedo ser molestado, me distraigo, o simplemente me olvido. Siempre soy menos eficiente y efectivo durante esas semanas. Sin intencionalidad, una semana se mezcla con la que sigue, y poco de lo que más importa se logra.

Tendemos a tropezar día a día a través de la vida, y a mirar hacia atrás preguntándonos a dónde se fue un verano, un año, o una década. El problema es que uno no tropieza con grandes cosas, ni siquiera con cosas que valen la pena. Tienen que ser buscadas con intencionalidad.

Una vida espiritual vibrante es una de esas grandes cosas. Las personas no tropiezan con ella simplemente. La buscamos activamente porque sentimos que algo falta en nuestra vida, o somos llevados a ella por otra persona que reconoce cuán increíblemente nuestra vida cambiaría si tomáramos en serio nuestro desarrollo espiritual.

Si sintieran un llamado a avanzar al nivel siguiente en su espiritualidad, la mayoría de los católicos no sabría dónde empezar. Muchos de nosotros están simplemente buscando, ajenos a si han crecido espiritualmente durante el año pasado o no. Se necesita que esto cambie si vamos a ayudar a la gente a desarrollarse. Se necesita que esto cambie si queremos que nuestras parroquias prosperen. Como sugiere la historia del Prólogo, si hacemos que el hombre, o la mujer, esté bien, haremos que la parroquia esté bien. Es imposible separar la transformación personal de la transformacin de la parroquia. Y la transformación no pasa simplemente. Requiere intencionalidad.

La intencionalidad nos ayuda a actuar de la mejor manera en cualquier área de nuestra vida. Los cuatro signos impulsan este tipo de intencionalidad en el terreno espiritual.

En los Estados Unidos, la Iglesia Católica necesita desesperadamente una renovación, pero ¿dónde empezamos? A veces las necesidades y los problemas pueden parecer tan abrumadores, hasta al nivel de una parroquia. Yo creo que debemos concentrar nuestros esfuerzos en ayudar a las personas de todas las edades a desarrollar una vida espiritual vibrante. Todo lo demás, cualquier otra cosa buena que deseemos para la Iglesia y para el mundo, fluirá de una relación dinámica con Dios. Siempre lo ha hecho. Pero la renovación vendrá solamente si la enfocamos con intencionalidad rigurosa. Necesitamos elevar el nivel de intencionalidad en todos los terrenos dentro de la Iglesia.

Un Descubrimiento Significativo

Imaginen si descubrimos que todos los católicos muy comprometidos tienen cuatro cosas en común. Entonces imaginen si se pudiera demostrar que cuando alguien empezó abrazando estas cuatro cosas fueron transformados rápidamente de un católico desconectado en un católico muy comprometido. ¿Les interesaría saber cuáles son esas cuatro cosas? Y si tenemos ese conocimiento, si supiéramos cuáles son esas cuatro cosas, ¿qué haríamos con esta información? ¿Tendría sentido alentar intencionadamente estas cuatro cosas, usarlas para enfocar el camino que enseñamos y hacia el cual guiamos?

Ahora sabemos cuáles son esas cuatro cosas. Son los cuatro signos de un Católico Dinámico: oración, estudio, generosidad, y evangelización. Espero que ellos los revigoricen y, por medio de ustedes, revigoricen a su parroquia, para que juntos podamos servir a su comunidad y al mundo de maneras que inspiren a muchos otros a echarle otra ojeada al catolicismo.

Tenemos un largo camino que andar para vivir a la altura de la visión de Dios para nuestra vida y a la altura de Su visión para la Iglesia. Las personas de nuestro tiempo necesitan desesperadamente que vivamos a la altura de esa visión. Es una tarea monumental. ¿Cómo llegarems allá? ¿Cómo transportamos a generaciones enteras del desengaño y el desaliento a la esperanza y al compromiso? Poco a poco.

Cuando nos convencemos de que "¡Yo puedo hacer eso!", nuestra vida empieza a inundarse de esperanza...y la esperanza es algo hermoso. Es hora de que los católicos se llenen nuevamente de esa esperanza. La esperanza que viene de saber que tenemos algo de un valor inconmensurable que ofrecerle al mundo. Cuando un grupo de personas se llena de esperanza, cosas increíbles empiezan a ocurrirr.

¡Algo maravilloso está a punto de suceder!

RESUMEN DEL CAPITULO

POSIBILIDADES INCREIBLES

- Transformar a las personas una a una está en el centro del plan de Dios para el mundo.

- 6.4 por ciento de los feligreses inscritos contribuyen el 80 por ciento de las horas voluntarias en una parroquia, 6.8 por ciento de los feligreses inscritos donan el 80 por ciento de las contribuciones financieras, y hay una superposición del 84 por ciento entre los dos grupos.

- Si sólo el 7 por ciento de los católicos está logrando más del 80 por ciento de lo que están haciendo hoy día, imaginen lo que el 14 por ciento podría hacer. Sin mencionar lo que el 21 por ciento o el 35 por ciento podría lograr. Nuestro potencial es increíble. Literalmente, tenemos el poder para cambiar el mundo. La Iglesia Católica es un gigante dormido.

- Si una parroquia involucrara tan sólo a otro 1 por ciento de sus feligreses el próximo año, transformándolo en Católicos Dinámicos, sería un elemento de cambio. Resultaría en un 11.4 por ciento más de horas voluntarias, lo cual les permitiría servir a otros feligreses y a su comunidad con mayor efectividad. También traería aproximadamente un 11.4 por ciento de aumento en las entradas, lo cual le permitiría a su parroquia invertir en ministerios poderosos e importantes que impulsarían más el compromiso. Todo esto como resultado de un cambio del 7 al 8 por ciento – sólo un 1 por ciento más de católicos muy comprometidos.

- Si pudiéramos transformar a otro 7 por ciento en feligreses muy comprometidos en los próximos siete años – 1 por ciento cada año – no significaría que cada persona estaría apasionadamente interesada y comprometida; sería solamente el 14 por ciento. Pero imaginen el increíble alcance, servicio, y desarrollo espiritual que su parroquia podría ofrecer. Este es el 1 por ciento que podría cambiar el mundo. Si podemos concentrarnos en involucrar un 1 por ciento más de nuestros feligreses de una verdadera manera intencionada cada año, literalmente podemos cambiar el mundo. Si tienen mil adultos en su parroquia, eso significa transformar tan sólo diez más en miembros muy comprometidos.

- El mejoramiento continuo es un enfoque a largo plazo que busca alcanzar pequeños cambios aumentables. Cada cambio puede ser tan pequeño y sencillo que, en el momento, parezca insignificante; pero, a medida que añaden estos cambios juntos, resultan enormes con el tiempo.

- Los católicos altamente comprometidos tienen cuatro cosas en común, los cuatro signos de un Católico Dinámico

    1. Oración: los Católicos Dinámicos tienen un compromiso diario con la oración.

    2. Estudio: los Católicos Dinámicos son aprendices continuos

    3. Generosidad: los Católicos Dinámicos son generosos

    4. Evangelización: los Católicos Dinámicos invitan a otras personas a crecer espiritualmente compartiendo el amor de Dios con ellos.

- Este libro no se trata de abrumarlos. Dondequiera que estén en su jornada espiritual, este libro se trata de tomar el próximo pasito hacia convertirse en un Católico Dinámico. Si en cualquier punto se sienten abrumados, no han comprendido el mensaje. Espero que al final de cada capítulo puedan decir, "¡Yo puedo hacer eso!".

- Uno no tropieza con grandes cosas, ni siquiera con cosas que valen la pena. Hay que buscarlas con intencionalidad.

CONCEPTOS CLAVES:

Compromiso y Desconexión; Los Principios 80/20; Los Cuatro Signos de un Católico Dinámico; Mejoramiento Continuo; Espiritualidad Aumentable: Intencionalidad; ¡Yo Puedo Hacer Eso!; Transformación Personal.

EL PRIMER SIGNO

ORACION

Capítulo Dos

¿ESTAN SALUDABLES ESPIRITUALMENTE?

CUANDO ESTOY SALUDABLE ESPIRITUALMENTE, nada me molesta. Es verdad, es el fruto de muchos años de auto-observación. Cuando estoy saludable espiritualmente, mi esposa puede tomarse todo el tiempo que quiera para arreglarse, la bolsa puede bajar mil puntos en un día, el vuelo puede ser cancelado, mi equipo favorito puede perder, y mis planes pueden deshacerse, yo puedo permanecer calmado y mantener una actitud alegre con una profunda paz interior.

Yo sé cuándo estoy en una posición de salud espiritual y cuándo no. Uno de los indicadores claves parece ser la gratitud. Cuando estoy saludable espiritualmente, soy agradecido. Pero cuando no lo estoy, hasta la más pequeña cosa puede enloquecerme. En esos momentos, tiendo a estar irritable, intranquilo, y descontento. De hecho, mi actitud hacia otros choferes en el camino entre mi casa y la oficina es un barómetro bastante bueno de cuán saludable estoy espiritualmente. Si tengo un catarro espiritual, estoy sólo un poquito irritable, un poquito intranquilo, y un poquito descontento. Pero si estoy luchando con un cáncer espiritual, estos indicadores sobrepasan las marcas. Alguien a mi alrededor en el trabajo o en la casa puede hacer la más mínima cosa irritante y eso será suficiente para hacerme retorcer por dentro. Puede ser que en el exterior no pierda el control, pero por dentro estoy que hiervo.

Cuando no estoy saludable espiritualmente, como único estoy feliz es que todo salga como yo quiero . . . . y nunca todo sale como uno quiere. De modo que se convierte en un escenario imposible. No puedo recordar la última vez que todo salió como yo quería. Aún en nuestros mejores días las cosas no resultan como esperábamos. Esa es la vida. Aprender a estar alegre aún cuando las cosas no salgan como uno quiere es una de las invitaciones continuas de la vida espiritual.

Si estoy saludable espiritualmente, puedo ser feliz aunque las cosas no salgan como yo quiero. El mundo dice que la llave para la felicidad es obtener lo que queremos y hacer que las cosas salgan como queremos. El resultado es que empleamos tanto tiempo y energía tratando de controlar a las personas y las situaciones, que en el proceso nos enfermamos y nos hacemos miserables – sin mencionar el sufrimiento que esta clase de conducta infringe en todos los que se cruzan en nuestro camino. Si solamente pueden ser felices cuando se salen con la suya, ¿no es es esa una manera horrible de vivir?

¿No les gustaría llevar consigo una alegría que no se puede extinguir por nada que suceda? ¿Están dispuestos a trabajar por eso? Cuando estamos saludables espiritualmente experimentamos esa alegría, y nada puede robárnosla. Más que ninguna otra cosa, dondequiera que estén en su vida, espero que este libro los ayude a aumentar su salud espiritual para que puedan experimentar esa clase de alegría.

¿Cuán espiritualmente saludables están hoy?

¿Cómo Empiezan Sus Días Mejores?

La vida es una colección de días, y algunos días son mejores que otros. Esto puede parecer obvio, y quizás por eso no lo cuestionamos. Pero ¿por qué son algunos días mejores que otros?

Si miramos a los dos meses pasados, unos cuantos días probablemente fueron muy buenos, la mayoría de los días fue normal, algunos días no fueron tan buenos, y quizás hubo un par de días que fueron horribles. ¿Pero a qué se debió la diferencia? ¿Fue algo fuera de su control o algo dentro de su influencia?

Descubrí una cosa a medida que me volví más consciente de lo que pasa en mí y a mi alrededor; que si un día no empieza bien, muy raramente termina como un buen día. Una vez que un día se nos va tendemos a entrar en un modo de supervivencia. Y un día puede írsenos de tantas maneras. De hecho, es casi seguro que un día irá mal a menos que lo primero que hagamos cada día sea hacer tiempo conscientemente para enfocar el día.

¿Cómo empiezan sus mejores días? La mayoría de las personas no lo sabe. Tienen una idea; pero, simplemente, nunca han pensado en eso o experimentado con eso lo suficiente. Esto es lo primero que distingue a los Católicos Dinámicos. Ellos saben cómo empiezan sus mejores días, y usan este conocimiento para darle una verdadera dirección a su vida al empezar cada día.

El primer signo de un Católico Dinámico es la oración. Más específicamente, es un compromiso diario con la oración. Universalmente, los Católicos Dinámicos empiezan su día con algún tipo de oración, una rutina espiritual que enfoca su día. Algunos se sitúan en una silla cómoda con su café mañanero. Otros van a Misa. Algunos enfocan su día rezando la ofrenda matutina, y tienen su momento principal de oración a otra hora del día. Pero todos empiezan su día con algún tipo de oración, aunque sea breve, y en un día en que no siguen su rutina sienten la diferencia. Se sienten desenfocados, tensos, menos conscientes de lo que les está pasando y de lo que está pasando a su alrededor, menos capaces de darles a aquéllos por quienes se preocupan el amor y la atención que merecen, y desconectados de Dios. Cuando no empiezan su día de la manera que ellos saben que funciona mejor, es como si se sintieran desconectados de sí mismos.

Los Católicos Dinámicos saben cómo empiezan sus mejores días, y los más maduros entre ellos (maduros en sabiduría, no de edad) harán casi cualquier cosa para defender su rutina matutina. Ellos saben que un día que no empieza bien tiende a no acabar bien. Simplemente, es demasiado difícil cambiar el impulso de un día.

¿Cómo empiezan sus mejores días? Traten de empezar su día con una oración, aunque sea breve, y observen cómo impacta el resto de su día.

Una Rutina de Oración

Había una vez tres ranas sentadas en una hoja de un lili afuera del palacio de un gran rey. Dos de las ranas decidieron saltar en el estanque. ¿Cuántas ranas quedaron en la hoja de lili? Tres. Decidir hacer algo no es lo mismo que hacerlo.

El primer signo de un Católico Dinámico es la oración. Más específicamente, es un compromiso diario con la oración. Eso significa que ellos no esperan que llegarán a orar cada día. No es una buena intención simplemente. Para ellos, la oración diaria se ha convertido en un hábito arraigado.

¿Ven?, si les preguntan a los católicos, "¿Ustedes oran?" todos dicen que sí. Pero la gran mayoría de los católicos no tiene un plan cuando se trata de orar. Simplemente oramos cuando estamos de humor para hacerlo. Este tipo de oración espontánea es bueno y debe ser parte de toda nuestra vida. Pero no es suficiente si realmente queremos crecer en la virtud, convertirnos en la mejor versión de nosotros mismos, tener una relación dinámica, y cambiar el mundo de la manera que Dios tiene la intención de que lo hagamos. La vida cristiana es simplemente insostenible sin la oración diaria. No es probable que se vuelvan (o sigan siendo) una persona paciente, compasiva, centrada en el prójimo, enfocada en lo que más importa sin la oración diaria. Los católicos altamente comprometidos lo han entendido, y esa es una de las razones por la que tienen un compromiso diario con la oración.

Aún más específico que un compromiso, los católoicos Dinámicos tienen una rutina de oración. Este fue uno de los hábitos inspiradores que surgieron una y otra vez en la investigación. Tienen una rutina de oración. ¿Qué quiere decir eso? Bueno, ellos tienden a orar cada día a la misma hora. Tienden a orar cada día en el mismo lugar. Y tienden a orar cada día de la misma manera.

Demasiados de nosotros nos decimos que oraremos cuando podamos.

Por supuesto, esto significa que muchos días no podemos hacerlo. Con el tiempo, lo más probable es que caigamos en el hábito de no orar cada día. La razón es que simplemente tendemos a no caer en buenos hábitos que verdaderamente cambian la vida. Tendemos a caer en malos hábitos. Los buenos es necesario buscarlos intencionadamente. Y la oración es uno de ellos.

Lo que encuentro aún más fascinante es que los católicos muy comprometidos tienden a tener lo que yo llamaría una rutina dentro de su rutina. Aunque sería fácil saltar sobre este simple punto, eso sería un error, porque esta rutina dentro de su rutina es de una importancia crucial. Probablemente, también es uno de los grandes logros de su vida, a pesar de que la mayoría de ellos parece olvidarse un poco de la clase de logro que es establecer esta rutina dentro de la rutina.

De modo que, ¿cuál es la rutina dentro de la rutina?

Un grupo de preguntas que se les hizo a los entrevistados tenía que ver con su práctica de oración. Se les preguntó cuándo, dónde, y cómo oraban. Las respuestas a estas preguntas fueron reveladoras. Cuando les pedimos que nos llevaran exactamente a través de lo que hacían durante su tiempo de oración, descubrimos algo bastante importante.

Cuando las personas dicen que oran en la silla de piel grande en el rincón de su sala cada mañana a las siete en punto, les preguntaría, "¿Qué pasa cuando se sientan en esa silla?" Usualmente, responderían de una manera casual, "Yo oro", como si eso fuera obvio. Mas entonces, les pediría que me llevaran exactamente a través de lo que pasa y de cómo oran. Es aquí cuando revelan el patrón de una rutina dentro de la rutina. Aquí están algunas de sus respuestas.

"Bueno, empiezo haciendo una ofrenda matutina y después hablo con Dios de mi programa para el día".

"Leo el Evangelio del día y después hablo con Dios sobre cómo puedo vivir el Evangelio más plenamente".

"Yo saco mi Magnificat y rezo las oraciones matutinas".

"Yo leo un capítulo de la Biblia y después selecciono una línea que me resalta y la uso para empezar una conversación con Dios".

"Hace muchos años que tengo este devocionario y simplemente empiezo a leer la página del día".

Todo esto puede parecer básico, obvio, quizás hasta de saneamiento para algunos, pero no lo es. ¿Ven?, cuando la mayoría de las personas finalmente se sienta a orar sinceramente en algún momento de su vida, es esta rutina la que se están perdiendo. Para la mayoría de las personas, el primer intento de orar realmente es un desastre porque no tiene esa rutina. El resultado es que muchas personas simplemente dejan de orar.

Cuando oran, la mayoría de las personas se sientan y ven qué pasa, y, por supuesto, con mucha frecuencia nada pasa. Así que se frustran y dejan de orar. Cuando los Católicos Dinámicos se sientan a orar, no sólo ven qué pasa; tienen un plan. Tienen una rutina, y una rutina dentro de su rutina.

Es interesante, que a la gran mayoría del 7% nunca se le enseñó cómo desarrollar una rutina para orar ni una rutina dentro de la rutina. Ellos forjaron su rutina mediante ensayo y error. Se observaban y se dieron cuenta de qué era bueno para ellos y qué no a través de pura perseverancia. Algunos de ellos han desarrollado su rutina de oración por décadas. Creo que aquí tropezamos con una de las grandes tragedias del cristianismo moderno, y quizás del catolicismo en particular. Hablamos mucho sobre la oración, pero pasamos muy poco tiempo enseñándole realmente a las personas cómo orar. Asumimos que saben cómo orar, pero la verdad es que cuando la mayoría de las personas se sienta en el aula del silencio para hacer un intento sincero de oar, no tienen la menor idea de cómo empezar.

El primer signo de un Católico Dinámico se trata de ayudar a las personas a establecer una rutina de oración. Uno de los grandes regalos que podemos darle a una persona es ayudarla a desarrollar una vida de oración sostenible. Lo que quiero decir es que le demos los medios para cultivar una vida espiritual y para adaptar esa vida espiritual de acuerdo con las demandas de cambio y los retos de las distintas etapas de su vida. Ayudarlos a desarrollar una rutina de oración que sea efectiva para ellas es el primer paso.

De modo que, ¿cómo es su vida de oración?

Tal vez no hay nada que diga más sobre la vida de un cristiano que la respuesta a esta pregunta. Una cosa es juzgar las conductas externas pasadas de una persona, pero es lo que está pasando en el interior de una persona lo que habla más sobre el futuro.

Los católicos enfocan la oración a través de un espectro amplio. Hay algunos que se identifican como católicos pero rehusan orar o envolver a Dios en las decisiones de su vida. Hay otros que oran de una manera mecánica, pero no con constancia y se distraen fácilmente con los sucesos de la vida. Aún hay otros que, de vez en cuando, son muy apasionados con respecto a la oración, pero son erráticos en su práctica. Hay otros que oran todos los días y tratan de envolver a Dios en las grandes decisiones de su vida, pero acortan su tiempo de oración tan pronto como no les proporciona un consuelo inmediato o se hace difícil. Existen aquéllos que están dedicados a la oración diaria, pero es una ocupación relativamente nueva. Hay otros que han establecido firmemente una rutina habitual a través de los años de practicarla fielmente, y envuelven a Dios íntimamente en las decisiones diarias de su vida. Y hay aquéllos que ansían una relación más y más profunda con Dios a través de la oración y mantienen una conversación casi continua con El a lo largo del día.

¿Dónde caen ustedes en el espectro? Me avergüenza decir que no estoy tan lejos como quisiera. Y estoy plenamente consciente de que tengo menos excusas que la mayoría por no estar más lejos, ya que se me ha dado el beneficio de conocer mucho más sobre el proceso que muchos. Pero el punto es que cada uno de nosotros debe estar trabajando para establecer una rutina de oración. Más tarde, en el capítulo I les daré un simple bosquejo para desarrollar una rutina diaria de oración, y una rutina dentro de la rutina. Es breve y simple, y algo que pueden comenzar hoy.

Nada cambiará su vida como establecer una rutina de oración sólida.

El Aula del Silencio

C.S Lewis fue una de las grandes voces cristianas del siglo XX. Fué más conocido por sus libros para niños, Narnia, pero su contribución al pensamiento cristiano por medio de sus conferencias y libros sobre la espiritualidad cristiana, lo hacen uno de los gigantes de los tiempos cristianos modernos.

Durante la Segunda Guerra Mundial, Lewis escribió una columna semanal para *The Guardian / El Guardián*, un periódico de Londres. Cada semana, la columna tomó la forma de una carta. Las cartas fueron escritas desde la perspectiva de un diablo viejo entrenando a un aprendiz de diablo. El mismo Lucifer le ha dado una tarea al aprendiz de diablo, y esa tarea es ganarle a Dios el alma de un joven en particular para el diablo.

El nombre del diablo viejo es Screwtape, el joven "tentador" es Wormwood, y el joven cuya alma está siendo buscada es conocido como "el paciente". Screwtape también es el tío de Wormwood. Las cartas son una combinación de humor, educación espiritual, inspiración, y una asombrosa perspicacia con respecto a la naturaleza de las maneras predecibles en que nos comportamos como seres humanos. Estas cartas fueron publicadas más tarde en forma de libro, titulado *The Screwtape Letters / Las Cartas de Screwtape.*

Cuando se le asigna la tarea al aprendiz de diablo, él se dispone a trabajar inmediatamente, pensando en toda clase de maneras creativas para tentar al joven que se le había asignado. Pero su tío Screwtape le escribe una carta severa reprendiéndolo por estos esfuerzos. El le aconseja al joven Wormwood que no pierda su tiempo tratando de soñar con nuevas maneras de tentar al hombre. Explica aún más que su plan es muy simple, que consiste principalmente en crear tanto ruido que el hombre ya no pueda oir la voz de Dios en su vida.

Yo estoy escribiendo en el 2012, así que estas palabras fueron escritas por C. S. Lewis hace más de setenta años. Cuando escribió estas palabras, Lewis estaba profetizando. Los profetas no están confinados al Antiguo Testamento. Cada era los tiene, y C. S. Lewis fue un profeta en su tiempo.

Piensen en la evolución del ruido desde que escribió estas palabras. En ese tiempo la televisión ya se había inventado, pero todavía no tomaría gran popularidad por muchos años. Y como ha aumentado el ruido en el mundo, y como lo hemos invitado a entrar en nuestra vida, se nos ha vuelto más y más difícil oir la voz de Dios.

Es en el silencio que Dios nos habla.

Este plan diabólico, llenar nuestra vida de ruido, es puro genio por su simplicidad. E irle a la contra requiere la misma simplicidad. Mientras más tiempo pasen en silencio, más claramente oirán la voz de Dios en su vida.

Y más allá del silencio, es interesante cómo algunas formas de ruido nos acercan a Dios y otras nos alejan de El. La próxima vez que estén escuchando el radio, a medida que cada canción va y viene, pregúntense: ¿Me acercó esa canción a Dios o me alejó más de Dios? De la misma manera, las conversaciones con algunas personas nos inspiran a ser mejor, mientras que conversaciones que enfocan la negatividad y el chisme tienen el efecto opuesto.

Yo siempre tengo un disco compacto en el tocadiscos de mi automóvil: *Come to the Quiet / Ven al Silencio*, por John Michael Talbot. Me encanta oirlo en la mañana, camino de la oficina. Es una hermosa colección de oraciones matutinas a las que les pusieron música. Suavizan mi alma y enfocan mi mente para el día. Me recuerdan que Dios está invitándonos constantemente a pasar alguna parte de nuestra vida en el silencio, para que podamos vivir el resto de nuestra vida a plenitud. El regalo de esta colección de música en particular es que me hace ansiar más tiempo callado con Dios.

No puedo imaginar a Dios diciendo, "Vengan al ruido", o "Llenen su vida de ruido". Parece que Dios está diciéndonos constantemente, "Vengan al silencio".

Por supuesto, al principio el silencio puede ser terrible. Es por esto que tan pocas personas cada día disminuyen la velocidad para dedicarle un tiempo. La mayoría ha tratado en algún momento de su vida, pero porque no saben qué hacer, el silencio resulta ser demasiado para poder manejarlo.

En la mayoría de los casos, los primeros intentos son terribles. El primer intento de un niño para caminar es un ejemplo perfecto.

El progreso es lento, a veces terriblemente lento. Se ponen de pie y se caen, y se caen una y otra vez. Solamente después de semanas y semanas de esfuerzo dan esos primeros pasos.

Cuando dos personas empiezan a salir, el silencio puede ser terrible. La primera vez que salen, el silencio puede ser el beso de muerte para una relación. Pero con el tiempo, a medida que una relación se desarrolla en un gran amor, con frecuencia dos personas aprenden a disfrutar estando juntos en silencio. Una vez que su relación llega a esa etapa, lejos de ser embarazoso, el silencio puede ser reconfortante y poderoso. Ahora pueden sentarse en el sofá y ninguno tiene que decir algo. Han aprendido a estar juntos simplemente.

Una gran vida de oración se desarrolla de la misma manera. Al principio el silencio puede ser terrible, casi una tortura. Pero con el tiempo aprendemos a tolerarlo, y después a disfrutarlo, y antes de que pase mucho tiempo nos encontramos ansiándolo más y más.

Los grandes místicos, como Juan de la Cruz, Teresa de Ávila, Francisco de Asís, Catalina de Siena, y tantos otros que llenan nuestra rica historia católica, llegaron a ese lugar donde tan sólo podían estar con Dios. Aprender a estar con Dios tan sólo es verdaderamente algo hermoso.

Uno de los primeros requisitos de la vida cristiana es aprender a estar cómodos en nuestra propia compañía. Si no lo estamos, evitaremos el silencio y la soledad, dos de los ingredientes principales para el crecimiento espiritual. Pero quizás más

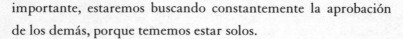

importante, estaremos buscando constantemente la aprobación de los demás, porque tememos estar solos.

Con frecuencia he notado en mi trabajo con jóvenes que los que obtienen la fe a esa edad se han alejado de necesitar la aprobación constante de su grupo de compañeros. Han aprendido a estar cómodos en su propia compañía, y así han podido resistir el tira y hala de las presiones que les imponen sus compañeros y la cultura.

Supongo que de alguna manera no estamos realmente listos para la vida hasta que hemos aprendido a estar cómodos solos en el gran aula del silencio. Porque es del silencio que la claridad emerge. En los dos últimos años he estado presentando un retiro de un día llamado "Living Every Day with Passion & Purpose" / Viviendo Cada Día con Pasión y Propósito. Una de las primeras cosas que les explico a los asistentes es que tendemos a mirar a personas que viven con gran pasión y propósito y pensamos que quisiéramos eso para nosotros. Lo que la mayoría de las personas falla en darse cuenta es que la pasión y el propósito son productos derivados de otra cosa: la claridad personal. Aquéllos que viven con pasión y propósito tienen mayor claridad personal que la mayoría de las personas. Tienen un mayor sentido de quiénes son y para qué están aquí. Saben qué es lo que más importa, y esto les permite enfocar y priorizar sus días. ¿Dónde obtienen esta claridad personal? En el aula del silencio.

La claridad emerge del silencio. Ustedes saben esto instintivamente. Si están viajando por carretera en un automóvil lleno de gente y se pierden, ¿qué les pide a todos el chofer?

Apaguen el radio y cállense. ¿Por qué? Cuando necesitan la claridad de un láser, quieren silencio. Muchas personas que trabajan escuchando música, la apagan cuando realmente necesitan concentrarse en algo. ¿Por qué? Porque la claridad emerge del silencio. Y las personas que viven con altos niveles de pasión y propósito no tienen miedo de pasar algún tiempo solos, en silencio, para discernir quiénes son, para qué están aquí, y qué es lo que más importa.

De esta manera parece que Dios siempre está diciéndome, "Ven al silencio". El mundo es ruidoso y distrae. Es en el silencio que encontramos a Dios y a nuestro verdadero yo.

En las Escrituras leemos una y otra vez sobre Jesús alejándose a un lugar callado. Cuando estoy sentado en Misa el Domingo y oigo una de las lecturas que habla sobre Jesús alejándose a un lugar callado, lo ansío. Me recuerda cuánto necesito alejarme cada día por unos minutos del ajetreo y del bullicio de la vida hacia un lugar tranquilo. Al mismo tiempo, sé cuán difícil es hacerlo realmente. Por veinte años he estado alentando a las personas a labrarse diez minutos al día para pasarlos orando y reflexionando en silencio. Y, sin embargo, todavía, la mayoría de los días tengo que forzarme a hacerlo. Por supuesto, hay algunos días en los que preferiría pasar esos pocos minutos orando que haciendo cualquier otra cosa en el mundo. Pero tengo que ser honesto con ustedes, esos días son pocos. Aunque conozco todos los beneficios y privilegios que vienen de la oración, aunque sé que la oración me pone en mis mejores condiciones, aunque sé que estos pocos minutos mantienen mi salud espiritual, muchos días tengo que arrastrarme para orar.

Si es importante pasar tiempo en silencio, también lo es tener lugares tranquilos a los cuales ir. En las Escrituras, cuando leemos sobre Jesús yendo a un lugar tranquilo, no dice que fue *en busca de* un lugar tranquilo. Dice que fue a un lugar tranquilo. Esto presupone que sabía a dónde iba. Quizás mientras iba caminando en una villa más temprano ese día, notó un lugar y pensó que sería un lugar perfecto para pasar algún tiempo en silencio.

De la misma manera, todos necesitamos nuestros lugares tranquilos, lugares a los que podemos ir cuando necesitamos alejarnos del mundo. Necesitamos lugares tranquilos apartados del ajetreo y del bullicio de nuestra muy ruidosa y ocupada vida moderna. De nuevo, esto requiere alguna intencionalidad. El mundo nos lleva a lugares ruidosos, de modo que los lugares tranquilos (callados) pueden ser más y más difíciles de encontrar. No van simplemente a aparecer místicamente en ese momento del día en que más los necesitamos. Necesitamos un plan.

Yo tengo lugares tranquilos de todos los días y lugares tranquilos de una vez al año y creo que necesito los dos. Mis lugares tranquilos de todos los días incluyen un número de iglesias y capillas cercanas a mi casa, el sillón en en el porche de atrás, la silla de piel en mi estudio, y la playa. ¿Dónde está su lugar tranquilo favorito? ¿Cuándo fue la última vez que estuvieron allí? ¿Deben estar pensando en ir allí con más frecuencia? ¿Cuán distinta sería su vida si lo hicieran?

El silencio es crítico para nuestro desarrollo espiritual porque es en el silencio que Dios nos habla. Oramos por muchas razones, y una de esas razones es buscar la voluntad de Dios para nuestra vida. Sin el silencio se vuelve casi imposible discernir la voluntad de Dios.

Una de las grandes luchas de la vida cristiana es rendir nuestra voluntad para poder abrazar la voluntad de Dios. En mis conversaciones con Católicos Dinámicos se hizo muy claro, muy rápidamente, que ellos creen que la única manera de asegurar cualquier felicidad perdurable en esta vida (y en la próxima) es buscando la voluntad de Dios y tratando de cumplirla lo mejor que podamos. Parte de su proceso de tomar decisiones, ya sea que la decisión es grande o pequeña es considerar cuál es el deseo de Dios en cualquier situación dada. ¿Cuándo fue la última vez que pusieron a un lado lo que querían y en cambio se rindieron a lo que sentían que Dios quería?

Dios no desea nada sino cosas buenas para nosotros. Así que cuando hablamos de seguir la voluntad de Dios, estamos entrando en un proceso de discernimiento para descubrir lo bueno que Dios desea para nosotros. Con demasiada frecuencia nos resistimos a la voluntad de Dios. Podemos gastar toda nuestra energía peleando con El por cosas que realmente no necesitamos, en lugar de rendirnos a Su plan perfecto para nuestra vida.

Dios, ¿qué piensas que debo hacer? Yo le llamo a esto la gran pregunta. Ha sido mi experiencia que es la única pregunta que lleva a la paz y a la satisfacción.

¿Cuándo fue la última vez que conscientemente se sentaron y exploraron la vountad de Dios para una situación en particular? De esta manera, los católicos muy comprometidos están comprometidos a escuchar la voz de Dios en su vida. Al mismo tiempo, serán los primeros en admitir que no siempre la comprenden bien, que casi nunca es totalmente clara, y que a veces saben exactamente lo que Dios está llamándolos a hacer pero ignoran Su voluntad. Y sin embargo, una y otra vez aprenden que es abrirse a la voz de Dios y a Su voluntad lo que les trae mayor paz en las decisiones que toman.

Desarrollen el hábito de pasar unos minutos cada día en silencio, y tendrán más claridad acerca de cada aspecto de su vida y paz en lo más profundo de su alma. La claridad emerge del silencio, y la pasión y el propósito son los frutos de la claridad. Si podemos criar a una nueva generación de católicos de modo que vivan con pasión y propósito, una vez más captaremos la atención de nuestra era para Cristo y para el genio del catolicismo.

La Rutina Dentro de la Rutina

La primera vez que me dispuse a planificar este capítulo noté que estaba cayendo en la trampa de lo obvio. Es una trampa en la que caemos todo el tiempo en el trabajo, en el hogar, y en la iglesia. Tuve la tentación de hablarles sobre muchas, muchas formas distintas de orar: antigua y moderna, personal y comunal, etc. Hay miles de diferentes métodos y formas de oración. Pero una de las lecciones importantes que los cuatro signos me han enseñado es la absoluta necesidad del enfoque y la simplicidad. Si hemos de tener éxito en implementar algo por nosotros mismos (o con un gran grupo de personas) la simplicidad y el enfoque son esenciales. Cada opción adicional crea una capa de complejidad, y cada capa de complejidad reduce la efectividad de la implementación.

Así que volví mi mente hacia esta pregunta: ¿Si se pudiera hacer que cada católico orara de la misma manera por diez minutos cada día, cómo se les alentaría a pasar esos diez minutos?

El Proceso de la Oración es esa manera única.

Si realmente quieren mejorar marcadamente su vida y son serios acerca de crecer espiritualmente, esta es la única oración que yo les recomiendo. Comprométanse con esta práctica por diez minutos diariamente y avanzarán espiritualmente como nunca antes.

La oración a la que me refiero es una adaptación del examen de conciencia diario. La idea de examinar nuestra conciencia antes de ir a confesarnos forma parte de nuestra tradición católica desde hace tiempo. Pero con demasiada frecuencia el concepto lleva consigo una connotación negativa; aunque, en realidad, examinarnos puede y debe ser una increíble experiencia positiva. Lejos de tratarse de una auto-reprobación y auto-aversión, se trata de paz y libertad, de conciencia y crecimiento espiritual.

Pablo les aconsejó a los primeros cristianos, "Cada uno, pues, examine su conciencia…(1 Corintios 11:28) esto fue en particular con referencia a algún tipo de examen antes de recibir la Eucaristía. El ermitaño San Antonio examinaba su conciencia todas las noches antes de retirarse. Con el tiempo esto se convirtió en una práctica diaria en muchos monasterios, y la mayoría de los fundadores de órdenes religiosas incluía un examen de conciencia diario como requisito para todos los miembros.

Curiosamente, hace poco leí que en la vida de oración de los sacerdotes y religiosos el deterioro de la vida espiritual de uno comienza no haciendo el examen de conciencia diario. Aún pueden ir a Misa y rezar el Oficio Divino, ir a la hora santa y rezar el Rosario; pero una vez que el examen diario se echa a un lado, el verdadero crecimiento espiritual cesa y, con el tiempo, comienza el deterioro espiritual.

Bernard de Clairvaux escribió, "Como un investigador en busca de la integridad de su propia conducta, sometan su vida a un examen diario. Consideren cuidadosamente qué progreso han hecho o qué terreno han perdido. Esfuércense por conocerse a sí mismos. Pongan todas sus faltas ante sus ojos. Encárense con ustedes mismos, como si fueran otra persona".

Pero más conocido por extender el uso y la popularidad del examen diario es San Ignacio de Loyola. Ignacio comenzó la primera semana de sus famos *Ejecicios Espirituales* alentando a los participantes a envolverse en la práctica diaria de examinar su alma y su vida. El creía que el examen diario, frecuentemente referido como el *Examen*, era el más importante de los ejercicios espirituales.

Hoy día la práctica ha caido en desuso, como tantas de las mejores prácticas de nuestra fe. Estropeada por un trasfondo negativo y atrapada en una era en la que las personas quieren pensar solamente en sus fortalezas, la práctica de mirarnos honestamente para mejorar ha quedado a mitad de camino.

Uno de los verdaderos tesoros que esta práctica trae es una mayor conciencia de quiénes somos y de qué está pasando en nosotros y en nuestro alrededor. Esta conciencia acentúa nuestra habilidad para experimentar la vida. Eso es, realmente aumenta nuestra capacidad para vivir. Y de esta manera, de lo que estamos hablando es de un examen de consciencia tanto como un examen de conciencia. Esta antigua práctica espiritual presenta constantemente la pregunta: ¿Cuán conscientes son ustedes? Nos reta a volvernos más conscientes de todo lo que está pasando dentro y alrededor de nosotros, para que podamos vivir a la altura de la consciencia.

Muy frecuentemente deambulamos a lo largo de un día, de una semana, de un mes, o hasta de un año con muy poca consciencia, casi ajenos a lo que realmente está pasando dentro y alrededor de nosotros. El examen de conciencia diario reta a eso, librándonos de vivir inconscientemente.

Me parece que las personas están volviéndose menos y menos conscientes de sí mismas. Muchas de las cosas que hacemos y decimos gritan: ¡Estoy completamente inconsciente de cómo mi manera de hablar y de actuar afecta a la personas que me rodean!

Prometo que si se aplican a esta práctica de oración, cambiará su vida y no tomará cien años para que se den cuenta. Comprométanse a practicar el Proceso de Oración por diez minutos cada día durante treinta días, y estoy seguro de que al final de los treinta días estarán convencidos.

El Proceso de la Oración, una adaptación del examen, provee un formato consistente para guiarlos en su oración diaria. Para la mayoría de las personas que se sienten atraidas a orar, la primera barrera a atravesar es que simplemente no saben cómo orar. Nunca han sido enseñados a orar. Es asombroso cuán poco tiempo nosotros, como Iglesia, pasamos enseñando a las personas a orar. El Proceso de la Oración vence la primera barrera a atravesar ofreciendo un formato y un método. Provee la rutina dentro de la rutina que los Católicos Dinámicos han pasado décadas desarrollando a través del proceso concienzudo de ensayo y error.

Desarrollando el Proceso de la Oración lo he usado con varios grupos de enfoque, todos los cuales reportaron un crecimiento espiritual significativo cuando practicaron el método fiel y diariamente.

Espiritualmente, esta oración es un elemento de cambio para ustedes,y para todos los aspectos de su vida. Si todo católico en los Estados Unidos orara de esta manera por unos minutos cada día, la Iglesia llegaría lejos en la renovación. Si todos en su parroquia comenzaran a orar usando este proceso, su parroquia explotaría de entusiasmo y compromiso.

Pero no me crean a mí. Ya sea que empiecen con un minuto diario o vayan directo a los diez minutos, usen el Proceso de la Oración cada día durante treinta días. Si lo hacen, creo que muy rápidamente se convencerán de su poder

Aquí está el proceso en su forma más simple.

El Proceso de la Oración

1. Gratitud: Empiecen dando gracias a Dios en un diálogo personal por lo que estén más agradecidos hoy.

2. Conciencia: Vuelvan a los momentos en que durante las últimas veinticuatro horas fueron o no la mejor versión de ustedes mismos. Háblenle a Dios sobre estas situaciones y de qué aprendieron de ellas.

3. Momentos Significativos: Identifiquen algo que experimentaron hoy y exploren qué puede estar tratando Dios de decirles por medio de ese evento (o de esa persona).

4. Paz: Pídanle a Dios que los perdone por cualquier mal que hayan hecho (en contra de ustedes, de otra persona, o de El) y que los llene de una paz profunda y perdurable.

5. Libertad: Háblenle a Dios sobre cómo El los está invitando a cambiar su vida, para que puedan experimentar la libertad para ser la mejor versión de ustedes mismos.

6. Otros: Preséntenle a Dios a cualesquiera personas por las que se sientan llamados a orar hoy, pidiéndole a Dios que las bendiga y las guíe.

7. Terminen rezando el Padre Nuestro.

• • • • • • •

Cada uno de los seis primeros pasos del proceso debe estimular una conversación con Dios. Es fácil caer en la trampa de simplemente pensar sobre estas cosas.

Cuando se encuentren haciendo eso, vuelvan a hablar realmente con Dios sobre lo que estén pensando. La meta es desarrollar la habilidad de tener conversaciones íntimas con Dios durante este tiempo apartado para la oración. Mientras más profundamente nos enraicemos en este hábito diario de orar, más se extenderán esas conversaciones con Dios a momentos de nuestra vida diaria.

Si están justo en el comienzo, puede ser que quieran empezar solamente con un minuto de conversación con Dios cada día, añadiendo un minuto cada semana hasta llegar a diez. Si ese es el caso, no traten de correr a través de los siete aspectos del proceso de la oración. Sólo usen el primer paso, Gratitud. Pasen su minuto hablando con Dios sobre todos y todo por lo que están agradecidos, y después cierren con un Padre Nuestro. A medida que extiendan su tiempo de oración en las próximas semanas, añadiendo minutos, les sugiero que añadan un paso del proceso a la vez a su oración diaria. La clave es empezar la conversación.

Pero ya sea que empiecen con un minuto diario o con diez minutos diarios, espero que este capítulo los haya dejado pensando, "¡Yo puedo hacer eso!" Nada cambiará su vida más significativamente que desarrollar una vida de oración vibrante y sostenible.

El Proceso de la Oración se puede expandir y contraer infinitamente. Si fueran a un retiro, podrían pasar horas orando por medio del proceso, mirando no sólo a las últimas veinticuatro horas, sino al año anterior – o aún a toda su vida. Por ejemplo, el primer paso del proceso está envuelto de gratitud. Imaginen cuánto tiempo podrían hablarle a Dios sobre todo lo que ha pasado en su vida por lo cual están agradecidos. Por otra parte, quizás un día en particular no lleguen a orar a su hora regular y entonces el día se les va. Más bien que irse a la cama sin hacer el Proceso de la Oración porque no tienen la disposición o la energía para orar por diez minutos, acorten la experiencia. Tomen sólo un minuto, aún vayan a través de los siete pasos, pero sólo háblenle a Dios brevemente sobre una cosa en cada paso.

La meta del Proceso de la Oración es provocar una conversación regular y significativa con Dios.

La Falta de Oración: La Maldición de Nuestra Era

La falta de oración es uno de los grandes tormentos de los tiempos modernos. Durante décadas, el tiempo que pasamos en oración enfocada se ha disminuido a medida que nuestra vida se ha vuelto más y más ocupada. Hemos caído en la tiranía de lo urgente, lo cual demanda que nos apuremos de una cosa urgente a la siguiente. El problema con esto es que las cosas más importantes casi nunca son urgentes. Esto puede dejarnos siempre haciendo cosas urgentes pero nunca haciendo cosas importantes. Son estas cosas sumamente importantes las que nunca llegamos a hacer en este ciclo. La oración es una de esas cosas importantes, y entre las de más alta prioridad. La oración nos ayuda a identificar lo que más importa y fortalece nuestro corazón y nuestra mente para darle prioridad a esas cosas en nuestra vida diaria. ¿Qué puede ser más importante que la oración?

La falta de oración también distorsiona a la persona humana. Sin oración, con el tiempo olvidamos las actitudes y cualidades que nos hacen excepcionalmente humanos (compasión, generosidad, humildad, fortaleza) y nos convertimos cada vez más en simples animales.

La oración nos lleva a tener una visión de la mejor versión de nosotros mismos, y nos ayuda a desarrollar la virtud necesaria para celebrar lo mejor de nosotros. Si ven las noticias de la tarde hoy, descubrirán que el mundo necesita desesperadamente hombres y mujeres de oración y virtud. Las personas en su vecindario necesitan sus oraciones, su parroquia necesita sus oraciones, y sus colegas en el trabajo necesitan sus oraciones. Y, a veces, es dolorosamente obvio que la Iglesia Católica tiene una necesidad desesperada de oración.

Con los años he encontrado muchas grandes familias en mis viajes. Hace unos cuantos años empecé a tratar de entender qué hacía a estas familias tan dedicadas y llenas de vida. Tolstoy inicia su novela épica *Ana Karenina* con estas líneas: "Las familias felices son todas iguales; cada familia infeliz es infeliz a su manera". Lo que yo he descubierto es que todas las grandes familias que he encontrado tienen un gigante de oración. Estos gigantes devotos oran constantemente por su familia, rodeándolas con la protección de Dios. En algún lugar de su pasado no tan distante está una persona que fue un gigante devoto. Un gigante devoto es una persona que cubre a su familia con la oración, anclando a la familia en la gracia de Dios. Algunas veces es la abuela o el abuelo, la madre o el padre, un tío o una tía, y de vez en cuando uno tiene que remontarse dos o tres generaciones, a veces más. Pero siempre se encuentra a un gigante devoto en el árbol genealógico. Toda familia necesita una piedra angular de oración para que ore por la familia, ahora y en el futuro.

Supongo que si la familia llega suficientemente lejos de ese gigante devoto sin criar otro, sus miembros empiezan a perder su camino. ¿Toma una generación o dos, o tres, o cuatro? No lo sé. Supongo que depende de muchas variables. Pero en cada generación, cada familia necesita por lo menos uno de estos hombres y mujeres de oración fiel para que la guíe y la proteja.

Siempre me ha asombrado que cuando estoy escribiendo un libro, un número de personas y experiencias cruza mi camino para llenar los espacios. Es casi com si Dios estuviera susurrando en mi oído. Cuando estaba trabajando en un borrador de este capítulo tuve uno de esos momentos. Estaba comiendo en Los Angeles y les hice algunas preguntas a mis anfitriones sobre ellos y sobre su vida. Lo que oí fue la historia de un gigante devoto.

Me picó la curiosidad cuando descubrí que mis anfitriones tienen seis hijos y veintidós nietos y que todos son católicos prácticos. Dondequiera que voy encuentro padres y abuelos que están desconsolados porque sus hijos o nietos han dejado la Iglesia. De modo que me pregunté quiénes eran los gigantes devotos en el pasado y en el presente de esta familia. Mis anfitriones eran Kathleen and Allen Lund. Esta es la historia del padre de Kathleen.

En la tarde del 24 de Enero, 1945, el soldado americano Eddy Baranski fue ejecutado en el campo de concentración nazi en Mauthausen, después de haber sido torturado brutalmente durante días. El era un hijo, un esposo, y un padre. Su padre no volvió a pronunciar el nombre de su hijo por el resto de su vida. Su madre oró por su hijo todos los días mientras vivió. Su joven esposa, Madeline, tuvo una visión en la que él le sonreía en un momento que ella más tarde supo que había sido el preciso momento de su muerte. Y su hija, Kathleen, que tenía solamente dos años de edad cuando su padre fue a pelear en contra de Hitler, pasó los cincuenta años siguientes sin padre, sin poder recordar su voz, sus caricias, o su olor.

Cincuenta años después, la hija de Kathleen participó en un programa de estudio en el extranjero en Austria, y, mientras la visitaba, Kathleen decidió ir a Mauthausen. Allí, estuvo de pie en el sótano en el que su padre había sido torturado y donde le pegaron un tiro en la cabeza. Allí esuvo de pie como esperando algo – algún sentimiento, algún mensaje – pero no hubo nada.

De regreso a su hogar, Kathleen comenzó a inquirir más sobre su padre. Habló con familiares, escribió a los Archivos Nacionales, a museos en Europa, y al Ejército de los Estados Unidos, y, lentamente, la historia de un padre que ella nunca llegó a conocer comenzó a emerger.

En 1945, Werner Muller, un ciudadano alemán, le dictó un documento extraordinario a un teniente austriaco. El políglota Werner había trabajado de intérprete bajo Heinrich Himmler. En Octubre del 1944, Muller fue enviado a Mauthhausen, donde su trabajo era traducir los interrogatorios de prisioneros aliados. El describió los tres meses siguientes como un infierno vivo. Muller recordaba sobre todo a un prisionero: Eddy Baranski.

Describió a Baranski orando mientras un grupo de oficiales Nazis lo torturaban. El comandante le preguntó al intérprete qué estaba diciendo, y cuando Muller reveló que estaba orando, los oficiales irrumpieron en carcajadas. Entonces le ofrecieron algo de tomar, poniendo agua sore la mesa, pero la tortura lo había incapacitado para levantar los brazos o las manos, y ellos no le llevaron el agua a la boca. Muller describe esa tarde como la más miserable de su vida.

Poco a poco, la historia del padre que había perdido tan temprano en su vida, empezaba a tomar forma para Kathleen. Un par de años más tarde, visitó Piest, Slovakia, donde su padre había sido capturado, y la casa donde vivía en el momento en que fue arrestado. Allí conoció a María Lakotova, quien derramó lágrimas al recordar a Eddy Baranski, quien acostumbraba a cantarle cantos de cuna en su niñez en esa casa.

"Su padre me cargaba. Yo me sentaba en sus piernas y él me cantaba". Le dijo María a Kathleen. "Pero yo sé que él no me estaba cantando a mí; él le estaba cantando a usted, su hijita tan lejana".

Kathleen nunca lo supo, pero su padre estaba cantándole— orando por ella. Eddy Baranski fue un gigante de la oración. Toda familia necesita uno por lo menos. Hoy, Allen y Kathleen están continuando el legado, orando por sus hijos y por sus nietos todos los días.

Las parroquias son como familias grandes de muchas maneras. Toda parroquia necesita algunos gigantes devotos para rodear a la parroquia con oraciones. Nuestro mundo está corriendo más y más hacia un mundo individualista, y la parroquia es una de las víctimas de este enfoque rampante en el yo. Muchas personas van a Misa el Domingo, pero nunca participan más alla de eso. Ellas no se comprometen con la comunidad y la comunidad no se compromete con ellas. Aún más, con frecuencia pueden ir y venir un Domingo sin hablarle a nadie excepto durante el signo de la paz. Para estas personas es una experiencia totalmente personal, carente de significado comunal. Para explorar cuán extendida puede estar esta actitud, pregúntense: ¿Qué porcentaje de sus feligreses ha orado por la parroquia fuera de la Misa en los últimos treinta días? Este es uno de los más altos indicadores del compromiso. Todavía no hemos hecho una investigación sobre esta pregunta, pero pueden estar seguros de que es un porcentaje muy pequeño. Al igual que las familias, las parroquias necesitan gigantes de la oración para guiarlas y protegerlas.

¿Han conocido alguna vez a una persona realmente devota? ¿Qué notaron acerca de esa persona? Su familia, su parroquia, la Iglesia, y el mundo necesitan que ustedes se vuelvan gigantes de oración.

La oración personal es esencial para la vida cristiana, pero también lo es la oración comunal. Sería una neligencia de mi parte no mencionar la enorme importancia que el 7% le da al papel de la gracia en su vida, y la Eucaristía es su fuente principal de esa gracia. Ellos han tratado de hacer su vida por sí mismos, y han llegado a la conlcusión que prefieren tratar de hace su vida con Dios. Los Católicos Dinámicos reconocen que son imperfectos y que están luchando en varias áreas de su vida. Reconocen que no pueden llegar al próximo nivel en su vida espiritual o en sus relaciones por sí mismos. Ellos saben que necesitan a Dios y Su gracia, y que necesitan la comunidad. Van a Misa buscando esta gracia y esta comunidad. Por esta razón y por otras, la Misa es fundamental para su vida. Muchos de ellos la identifican como la joya de la corona de la vida espiritual.

La oración personal es una profundización de su relación con Dios, descubriendo quién está Dios llamándolos a ser para El y para el prójimo. La oración litúrgica de la Misa Dominical es la oración de toda la Iglesia reunida como proclamación pública de quiénes somos como católicos. Lo que llevan a la Misa el Domingo es su vida de oración, y mientras más profunda es, más profundamente pueden entrar en la expresión pública de la fe de la Iglesia. La Misa no se trata simplemente de ustedes; es toda la Iglesia reunida como signo de esperanza para el mundo. Una comunidad orando es algo hermoso.

El primer signo de un Católico Dinámico es la oración. Los Católicos Dinámicos son primera y principalmente hombres y mujeres de oración, justo como lo fueron los santos. ¿Es suficiente para nosotros solamente orar? No. Se nos ha dado la misión de transformar el mundo. Pero la mejor acción brota de una vida de oración vibrante. Nuestros esfuerzos para transformar la sociedad en una experiencia más amorosa y justa para todos tiene que estar profundamente enraizada en nuestro cristianismo, y así profundamente enraizada en la oración. De otra manera, nuestros esfuerzos sociales cristianos pueden desconectarse de nuestro cristianismo, y esto se disminuye rápidamente en otra forma de trabajo social solamente. No me interpreten mal – el trabajo social es bueno, pero somos llamados a más que eso.

Los aliento a comenzar (o renovar) su compromiso con una vida de oración hoy. Usen el Proceso de Oración para que los guíe. Si lo hacen, estoy seguro de que encontrarán que es una guía fiel que los llevará a una profunda amistad con Dios para toda la vida. ¿Qué van a hacer en esta vida que sea más satisfactorio que desarrollar una amistad con Dios?

Uno de los grandes momentos de la vida de un cristiano llega cuando nos damos cuenta, de una vez por todas, de que una vida con oración es mejor que una vida sin oración.

ORACION

- Cuando estamos saludables espiritualmente, nada nos molesta.

- Una rutina diaria se refiere a una hora y un lugar específicos apartados para la oración.

- Más que una hora y un lugar para orar, los Católicos Dinámicos tienen una rutina dentro de su rutina. Cuando se sientan para orar cada día, no se limitan a ver qué pasa; tienen una rutina dentro de la rutina. Tienden a empezar su tiempo de oración de una manera muy específica: leyendo la Biblia, rezando las oraciones matutinas de la Iglesia, leyendo un libro espiritual favorito, etc.

- Universalmente, los Católicos Dinámicos empiezan su día con algún tipo de oración, aunque el momento principal que han apartado para la oración sea más tarde.

- Dios nos habla en el silencio. En nuestra búsqueda del crecimiento espiritual, es indispensable pasar tiempo en el aula del silencio.

- El Proceso de la Oración consiste en siete pasos designados a ayudarnos a desarrollar una rutina de oración, y la rutina dentro de la rutina.

- La falta de oración es uno de los grandes tormentos de los tiempos modernos.

- Toda familia necesita un gigante devoto.

- En algún momento, los Católicos Dinámicos se han convencido de que una vida con oración es mejor que una vida sin oración.

- A la mayoría de los católicos nunca se les ha enseñado cómo desarrollar una rutina diaria de oración.

- Los Católicos Dinámicos ven una conexión entre la alegría y la satisfacción en su vida y sus esfuerzos paa caminar con Dios y crecer espiritualmente.

- El Proceso de la Oración

  1. Gratitud: Empiecen dándole gracias a Dios en un diálogo personal por lo que sea que están más agradecidos hoy.

  2. Conciencia: Vuelvan a los momentos que en las últimas veinticuatro horas fueron o no la mejor versión de ustedes mismos. Háblenle a Dios sobre estas situaciones y sobre lo que aprendieron de ellas.

  3. Momentos Importantes: Identifiquen algo que experimentaron hoy y exploren lo que Dios puede estar tratando de decirles por medio de este evento (o de esta persona).

  4. Paz: Pídanle a Dios que los perdone por cualquier mal que hayan hecho (en contra de ustedes mismos, de otra persona, o de El) y que los llene con una paz profunda y perdurable.

  5. Libertad: Hablen con Dios sobre cómo El está invitándolos a cambiar su vida, para que puedan experimentar la libertad para ser la mejor versión de ustedes mismos.

  6. Otros: Eleven a Dios a cualesquiera personas por las que se sientan llamados a orar hoy, pidiéndole a Dios que las bendiga y las guíe.

  7. Terminen rezando el Padre Nuestro.

CONCEPTOS CLAVES:

Salud Espiritual; Rutina Diaria de Oración;
Rutina Dentro de la Rutina; el Aula del Siencio;
El Proceso de la Oración; Gigantes de Oración.

EL SEGUNDO SIGNO

ESTUDIO

Capítulo Tres

EL GENIO DEL CATOLICISMO

DE VEZ EN CUANDO, todos necesitamos distanciarnos de la vida y echarle otro vistazo a quiénes somos, y qué estamos haciendo. Si no lo hacemos con regularidad, tendemos a quedarnos atrapados en nuestro pequeño mundo – y ese es un lugar peligroso, porque distorsiona la manera en que vemos el mundo en general, y la manera en que vemos el mundo determina la manera en que vivimos nuestra vida. ¿Cómo ven el mundo? ¿Cuál es su visión del mundo?

Hoy hay siete mil millones de personas en el planeta, pero imaginen por un momento que todo el mundo es una villa de cien personas. Si reducimos la población del mundo a cien personas, así es cómo parecería el mundo proporcionalmente: Cincuenta y siete de esas cien personas vendrían de Asia, veintiuna de Europa, nueve de Africa, ocho de Norte América, y cinco de Sur América. Cincuenta y una serían mujeres y cuarenta y nueve serían hombres. Seis de las cien personas serían dueñas o controlarían más del 50% de la riqueza del mundo, y cinco de las seis serían ciudadanas de los Estados Unidos. Una de esas cien personas habría acabado de nacer, una estaría a punto de morir, y solamente siete de esas cien personas habrían ido a la universidad. Treinta y tres serían cristianas ysesenta y siete no serían cristianas. Ochenta vivirián en viviendas que no cumplen con los requisitos de habitabilidad. Treinta y una no podrían leer y escribir. Veinticuatro no tendrían electricidad. Setenta y una no tendrían acceso a la Internet. Treinta y nueve de las cien personas en la villa vivirían con menos de dos dólares diarios. Un tercio de la población mundial está muriendo por falta de pan, un tercio de la población del mundo está muriendo por falta de justicia, y un tercio de la población del mundo está muriendo por comer en exceso. ¿Cómo ven el mundo?

Un simple bosquejo como éste reta la manera en que vemos el mundo, y nos saca fuera de nuestro pequeño mundo. Nuestra visión del mundo necesita ser retada constantemente. Su visión del mundo está hecha de un millón de pensamientos, ideas, creencias, y prejuicios. Es excepcionalmente suya, y está formada en general por sus experiencias pasadas y su educación. Por estas razones su visión del mundo tiene puntos ciegos y es imperfecta. Mi visión del mundo está distorsionada y es imperfecta de la misma manera. Estos puntos ciegos y estas distorsiones nos causan toda clase de problemas en la vida, especialmente en las relaciones. Es por esto que Dios está retando constantemente nuestra visión del mundo.

Jesús retó la visión del mundo de toda persona que encontraba: de Zaqueo, de la mujer cerca del pozo, de la mujer sorprendida cometiendo adulterio y de sus acusadores, de Poncio Pilato, de Herodes, de los sumos sacerdotes y de los escribas, del joven rico, de Lázaro, de los discípulos…. Entre otras cosas, Jesús vino para traernos una nueva visión del mundo.

Por muchos años he estado hablando sobre el genio del catolicismo, una visión del mundo total y coherente que comienza con una visión para la persona humana.

¿Han encontrado alguna vez una sola idea que haya vuelto su vida al revés? Yo tuve una experiencia como esa cuando tenía unos quince años. Yo nací en una familia católica fui bautizado de niño, fui a una escuela elemental y a una escuela secundaria católicas, fui a Misa los Domingos y oraba antes de comer, pero nunca lo entendí realmente. No fue hasta que encontré una idea que volvió mi vida al revés, pero con el lado derecho hacia arriba, que me di cuenta de lo que es el catolicismo. La idea que hizo que las piezas cayeran en su lugar para mí fue la visión de Dios para la persona humana transmitida por la Iglesia.

Es una idea muy sencilla. Dios los llama a la santidad, y todo lo que pasa en su vida, cada triunfo, cada prueba, y cada tragedia, es una oportunidad para crecer en santidad. Cuando trabajan duro y ponen atención a los detalles de su trabajo, crecen en virtud y carácter – y santidad. Cuando son pacientes con su hermanita o cuando un cliente los vuelve locos, se convierten de una manera más perfecta en la persona que Dios los creó para que fueran – y crecen en santidad. Cuando desarrollan una rutina diaria para orar y la practican persistentemente, desarrollan una relación más cercana con Dios – y crecen en santidad. Cada momento tiene un significado. Cada momento de cada día les presenta una oportunidad para crecer en santidad amando a Dios, amando a su prójimo, y convirtiéndose más perfectamente en la persona excepcional y maravillosa que Dios los creó para que fueran. Esta fue la idea que capturó mi atención y me guió a abrazar verdaderamente el catolicismo por mí mismo. Porque me reveló el verdadero significado y el verdadero propósito de la vida. Y ocurrió de una manera que me permitió ver la conexión entre los eventos individuales de mi vida diaria y aquello a lo que Dios estaba invitándome por medio de la Iglesia. Esta es la conexión vital que la Iglesia está fallando hacer para muchas personas. Es crucial que hagamos la conexión entre las actividades ordinarias de la vida y el sueño que Dios tiene para cada persona si realmente queremos atraer a las personas. En esos tempranos momentos de mi vida, vi que todo lo que hacía importaba. En cada momento yo estaba celebrando o traicionando a mi mejor yo.

Cuando por primera vez empecé a hablar y a escribir, noté que la idea de ser llamado de una manera personal a vivir una vida santa no estaba haciendo eco en las personas de la manera que había esperado. Fue de esta experiencia que surgió la expresión "la mejor versión de ti mismo". Hablaba sobre el llamado universal a la santidad y veía vidriarse los ojos de mi público. Cualquiera que fuera la razón, el lenguaje no se estaba conectando con ellos. La búsqueda de la santidad y la búsqueda para convertirse en la mejor versión de ti mismo son el mismo concepto, pero el lenguaje parece ser más accesible a las personas. Cuando les explicaba que Dios tiene un sueño increíble para todos y cada uno de nosotros – Dios quiere que se conviertan en la mejor versión de ustedes mismos – sus ojos empezaron a iluminarse. Sabía que el mensaje estaba encontrándolos donde estaban y resonaba en ellos.

El genio del catolicismo es que todo tiene sentido en relación con esta idea única. Ya sea que quieran usar la frase "creciendo en santidad" o "convirtiéndose en una mejor versión de ustedes mismos" depende totalmente de ustedes. Para mí son lo mismo. No se pueden convertir en la mejor versión de ustedes mismos (ni siquiera en una mejor versión de ustedes mismos) sin crecer en santidad.

¿Qué hace a un buen amigo? Alguien que los ayuda a convertirse en la mejor versión de ustedes mismos. ¿Qué hace una buena comida? Alimentos que los ayudan a convertirse en la mejor versión de ustedes mismos. ¿Qué hace buenos libros, buenas películas, y buena música? Aquéllos que los inspiran para convertirse en la mejor versión de ustedes mismos. ¿Cuál es el significado y el propósito del matrimonio? Los esposos uniéndose, retándose y alentándose mutuamente para convertirse en la mejor versión de ellos mismos, y después criar hijos y enseñarles a celebrar la mejor versión de ellos mismos. ¿Cuál es el significado del trabajo? ¿Es hacer dinero? No. El valor principal del trabajo es que cuando trabajamos duro nos convertimos en la mejor versión de nosotros mismos.

Con frecuencia he sido retado por personas que dicen que luchar para convertirse en la mejor versión de uno mismo parece ser una meta egoísta. No es así. En realidad, nada podría estar más lejos de la verdad. Cada vez que me convierto en la mejor versión de mí mismo, hasta de la más mínima forma, me convierto en un mejor esposo, padre, hijo, hermano, administrador, vecino, feligrés, ciudadano, y católico. Si extienden la idea un paso más, descubren que cada vez que se convierten en la mejor versión de ustedes mismos, su parroquia se vuelve una parroquia mejor, la compañía para la que trabajan se convierte en una organización mejor, y su país se convierte en una nación mejor. Como descubrimos en el Prólogo, la transformación personal está en el centro de la renovación del mundo de la manera que Dios tiene la intención que suceda. Lo mejor que pueden hacer por cualquier otra persona es crecer en santidad (convertirse en la mejor versión de ustedes mismos).

Todo tiene sentido en relación con esta sola idea. La vida se trata de decir que sí a las cosas que nos ayudan a crecer en santidad (convertirnos en la mejor versión de nosotros mismos) y que no a las cosas que no lo hacen. La vida se trata de investigar cada momento y descubrir cómo ese momento nos está invitando a convertirnos en la mejor versión de nosotros mismos. Desarma de lo sencillo que es, pero no es fácil. Por supuesto, nosotros hacemos la vida mucho más complicada para nosotros no dándonos cuenta de que esto es de lo que realmente se trata. Mas podrían pasar toda una vida desempacando esta idea única. Aquí tienen un ejemplo sencillo. Mañana, en cada momento del día, pregúntense: ¿Qué puedo hacer ahora mismo que me ayude a convertirme en la mejor versión de mí mismo? Sólo por un día, hagan únicamente aquellas cosas que los ayuden a convertirse en la mejor versión de ustedes mismos.

Esta es la increíble visión para la persona humana que la Iglesia ha anunciado consistentemente desde que Cristo caminó en la Tierra. A veces, la Iglesia lucha para anunciarla de una manera que encuentre a las personas donde están y las inspire a dejar las maneras del mundo atrás y seguir a Cristo más de cerca. No obstante, la Iglesia ha sido un fiel guardián de esta visión.

La razón por la cual esta visión para la persona humana es tan importante, es porque nuestra visión sobre todo lo demás fluye de esta visión principal. Una visión católica auténtica para la educación surge de nuestra visión para la persona humana, al igual que una visión católica para el cuidado médico, la familia, el matrimonio, la salud y el bienestar, el entretenimiento, las cuestiones del final de la vida, el dinero, las finanzas y el uso apropiado de los recursos, la justicia social, y cualquier otra cosa que puedan experimentar en esta vida. Cuando nuestra visión de cualquier cosa está divorciada de esta visión principal para la persona humana, comienza nuestra distorsión de la realidad. Si empiezan un poco desencaminados, es asombroso cuán perdidos pueden llegar a estar. Si un avión volando de Londres a Nueva York cambia su dirección tan sólo cinco grados hacia el sur, acabará en Venezuela.

No es posible llevar a cabo la misión que Dios nos ha dado como católicos, y al mismo tiempo hacer cosas que causen que las personas se vuelvan menos que lo que Dios desea que sean. Si no estamos ayudando a la personas a crecer en santidad, nos hemos desviado de la visión principal que Dios tiene para todas las personas (y de la visión que tiene para Su Iglesia).

Esto es también lo que distingue a la visión católica de la cultura presente. Consideren esta única pregunta: ¿Cuál es la visión de la cultura presente para la persona humana? Cuando hacen esa pregunta, el silencio es ensordecedor. La cultura de hoy no tiene una visión para ustedes. Ciertamente, en el fondo, no tiene sus mejores intereses. Entonces, ¿qué mueve a la cultura? El consumo. La meta de la cultura de hoy es el consumo. ¿Cuándo fue la última vez que vieron a alguien siendo entrevistado porque era una buena persona con un grado de sabiduría inusual, pero que no tenía algo que vender? Es muy raro. Casi todas las personas que son entrevistadas están vendiendo algo. Y si la cultura no tiene una visión para la persona humana, entonces, con seguridad, no tiene una visión para su matrimonio o su familia. De hecho, la cultura preferiría que cada familia se desbaratara. ¿Por qué? Una familia desbaratada necesita dos de todo, y eso lleva al consumo.

Demasiadas personas han aceptado la cultura secular debido al puro impulso que le puede dar a nuestra vida, a menos que estemos pensando activamente en la vida. Demasiados pocos se dan cuenta de que aunque sea cierto que todavía vivimos en una sociedad de consumidores, ya no somos los consumidores – estamos siendo consumidos. Es hora de que empecemos a pensar sobre hacia dónde está yendo nuestra vida y hacia dónde nos está llamando Dios.

Necesitamos empezar a pensar en nuestra vida en un nivel más profundo. Es hora de que renovemos nuestro deseo de verdad y sabiduría, y desarrollemos un hábito diario de estudio.

Los caminos del mundo llevan a la confusión y al caos; el camino de Dios lleva a la claridad y al orden. ¿Está su vida en orden? Los caminos del mundo llevan a la falta de sentido y a la desesperación; el camino de Dios lleva a una vida llena de sentido y de alegría. ¿El mundo o Dios? ¿Caos u orden? Es una decisión que todos tenemos que tomar.

Un Mundo Sin Verdad

Hay genio en el catolicismo, pero el mundo no lo ve de esa manera. La cultura secular de hoy rechaza la visión católica del mundo y, en cambio, escoge el relativismo como su paladín. El relativismo es la filosofía más insidiosa de nuestra era. Le roba a la vida todo sentido y, al hacerlo, nos roba a nosotros la alegría con la que Dios quiere que vivamos. La alegría es simplemente imposible sin sentido. El Papa Benedicto XVI dijo esto sobre eso: "El relativismo, que considera que todas las opiniones son ciertas hasta cuando son contradictorias, es el problema más grande de nuestro tiempo". Piensen en eso por un momento. Consideren todos los problemas que hay en el mundo hoy día, y, sin embargo, Él dice que el relativismo es el más grande de todos.

Y, ¿qué es el relativismo? Es la teoría de que no hay verdades absolutas; sino, más bien, que toda verdad es relativa. Es decir, algo que es verdad para ustedes puede no ser verdad para mí necesariamente. Esto lleva a un ambiente en el que cada persona puede hacer lo que quiera. Esta filosofía está llena de contradicciones, porque la idea de que nada es absoluto es en sí una afirmación absoluta. El relativismo usualmente está confinado al área de la moral, de la ética. En otras áreas, los relativistas conceden que todo lo que se pueda verificar científicamente es verdad, pero que cualquier cosa que no pueda ser verificada científicamente no lo es. El problema es que esta afirmación no se puede verificar científicamente. El relativismo mantiene que para todos es verdad que nada es verdad para todos. Por supuesto, ésta es una proposición contradictoria en sí misma.

El problema es que la mayoría de nosotros no piensa lo suficiente sobre la vida, y pedacitos de filosofías erradas, como el relativismo, pueden pegársenos de una manera suficientemente fácil al pasar por este mundo. Están presentadas bajo el disfraz de ser de mente abierta o tolerantes. Pero es bueno tener la mente cerrada acerca de ciertas cosas – aún antes de probarlas. Yo tengo la mente cerrada acerca de poner la mano en una sierra. Es bueno para mí tener la mente cerrada acerca de esto. No siempre es malo tener la mente cerrada, y es bueno ser intolerante con respecto a algunas cosas. *Deben ser* intolerantes para algunas cosas.

Los relativistas dirán que no podemos imponerle nuestra moralidad al prójimo, que no podemos legislar nuestras creencias personales. Pero si ven a alguien pegándole a un niño, ¿no tratarían de detener a esa persona? Haciéndolo estarían imponiéndole su moralidad a esa persona, pero todavía sería hacer lo correcto. Algunas cosas son correctas y otras son equivocadas, pero los relativistas no reconocerán esto. Y ¿no toda legislación le impone las creencias personales de alguien (las creencias personales de un grupo) a toda la sociedad? No hay una manera moral de estar de acuerdo con acciones inmorales. Y es necesario ser intolerante con algunas cosas. Además, uno no tolera cosas que son buenas, ¿cierto? No es necesario. Uno solamente tiene que tolerar cosas que son desagradables.

Es importante notar que con la excepción de esos estudiantes suficientemente afortunados como para asistir a un grupo muy pequeño de universidades católicas, que permanecen fieles a la vida intelectual católica, casi todos los estudiantes universitarios novatos en el país son indoctrinados en la filosofía del relativismo en su primer semestre en casi todas las materias.

Este tema merece mucho más tiempo y mucha más atención, pero éste no es el momento ni el lugar. Era necesario que presentara el tema para aclarar la importancia de la próxima sección, pero los aliento a ahondar más en los efectos devastadores del relativismo y en cómo está llegando a todo aspecto de nuestra vida personal y pública.

Si la humanidad ha de hacer algún progreso en el próximo siglo, el error del relativismo moral tiene que llegar a su fin. Y la única manera de remover esta filosofía insidiosa de nuestro mundo es sacándola de raíz de nuestra vida, una persona a la vez, empezando con ustedes y conmigo. Ahora nos encaramos nuevamente con el papel central que juega la transformación personal en el increíble plan que Dios tiene para nuestra vida y para el mundo. Solamente pueden liberar al mundo del relativismo liberando de él la vida de los individuos uno por uno. La transformación de una sociedad y la transformación de los individuos que componen esa sociedad son inseparables. De la misma manera, es imposible transformar una parroquia en una comunidad dinámica sin transformar primero a los miembros individuales de esa parroquia en feligreses dinámicos.

El verdadero problema con el relativismo es que si no hay lugar para la verdad, no hay lugar para la sabiduría. Por definición, la sabiduría es la habilidad de discernir o juzgar los que es verdadero, bueno, correcto, o perdurable. El relativismo hace a la sabiduría irrelevante.

En la Biblia leemos la historia del joven Salomón convirtiéndose en rey después que su padre, David, murió. El no estaba seguro de sí mismo y le preocupaba su habilidad para guiar a su pueblo. Entonces, una noche, Salomón tuvo un sueño. Dios se le apareció y le dijo, "Pide cualquier cosa que desees de mí y te la daré".

Si Dios se les apareciera y dijera que les daría cualquier cosa que le pidieran, ¿qué pedirían? Salomón pidió sabiduría, diciéndole al Señor: "Concede pues a tu servidor que sepa juzgar a tu pueblo y pueda distinguir entre el bien y el mal". (1 Reyes 3:9)

Salomón le pidió a Dios que le diera sabiduría. La sabiduría es una de las metas de la vida cristiana. Con cada año que pasa, nuestra habilidad para discernir el bien del mal debe aumentar. Pero con frecuencia el mundo nubla nuestro juicio. Esta es otra razón por la que necesitamos alejarnos del mundo con regularidad para ver cómo el mundo está afectando nuestro juicio.

Oren por sabiduría. Justo como hizo Salomón, pídanle a Dios que les dé sabiduría, la habilidad para discernir lo que es verdadero, bueno, correcto, y perdurable.

En nuestros tiempos nos angustiamos distinguiendo el bien del mal. Tenemos más títulos académicos que nunca antes y muchos conocimientos, pero ¿dónde está la sabiduría? Deseamos saber más y más, pero no queremos vivir lo que ya sabemos. Sabiduría es la verdad vivida.

Se necesita sabiduría para caminar con Dios.

La visión del mundo que la cultura secular de hoy presenta le quita todo sentido a la vida, vacía la vida de alegría, nos deja desatados de la verdad y fácilmente susceptibles a la manipulación, nos llena de depresión y desesperación, nos esclaviza, y crea una niebla de confusión siempre presente. Por otra parte, la visión del mundo que Dios nos presenta por medio de la Iglesia puede que traiga grandes demandas, pero también trae gran claridad – y la claridad es refrescante y liberadora. A la luz de esa claridad descubrimos que todo en la vida tiene sentido, que cada momento puede ser aprovechado para un gran propósito.

La verdad y el engaño nos rodean. La verdad lleva a la plenitud de la vida, y el engaño busca robarnos esa plenitud de la vida de mil maneras diferentes. Pero no tropezamos con la verdad simplemente. La verdad tiene que ser buscada con humildad y perseverancia.

Una de las líneas más hermosas que he leído jamás es el comienzo de *The Splendor of the Truth / El Esplendor de la Verdad (Veritatis Splendor)*: "El esplendor de la verdad brilla en todas las obras del Creador y, de una manera especial, en el hombre, creado a imagen y semejanza de Dios. La verdad ilumina la inteligencia del hombre y moldea su libertad, llevándolo a conocer el amor del Señor".

MATTHEW KELLY

Si la verdad moldea nuestra libertad, entonces sin ella sólo hay esclavitud. ¿Qué lugar hay en su vida para la verdad y la sabiduría? ¿Qué valor le dan a estas cosas? ¿Están listos para empezar una búsqueda en pos de la verdad de una manera nueva?

El genio de la enseñanza católica es que trae claridad. Puede que no siempre apreciemos la claridad que da la Iglesia, pero siempre es mejor que la esclavitud y la confusión que filosofías como el relativismo producen. Busquen la claridad, y cuando la encuentren, abrácenla.

Las Personas Merecen Respuestas a Sus Preguntas

Supongo que todo esto puede parecer un poquito pesado, — santidad y relativismo — pero quizás es simplemente porque tanto en nuestra vida se ha vuelto ligero y superficial. Es bueno para nosotros pensar en cosas serias de vez en cuando. Es saludable para nosotros hacer las grandes preguntas de la vida. Leonard Cohen observó, "La seriedad es profundamente agradable para el espíritu humano", y yo estoy de acuerdo con él de todo corazón.

Vivimos en un tiempo de confusión moral. Vivimos en un tiempo que está plagado de una crisis de falta de propósito. Hemos dejado de pensar sobre cómo debemos vivir y nos hemos entregado a vivir como queramos. Sin embargo, no hemos empleado siquiera la más básica auto-observación que nos hubiera llevado hace tiempo a la conclusión que haciendo lo que queramos no nos trae ninguna satisfacción perdurable.

La confusión de nuestros tiempos significa que más personas tienen más preguntas sobre el catolicismo que nunca antes. Algunas de esas preguntas son articuladas, pero la gran mayoría permanece callada , saltando alrededor del corazón y de la mente de las personas a medida que caminan por la vida. La razón por la que muchas preguntas se quedan sin hacer es porque la mayoría de las personas no sabe a quién preguntarle.

De esta situación emerge una de mis más firmes convicciones: Las personas merecen respuestas a sus preguntas, especialmente a preguntas que tienen que ver con la fe – No simplemente respuestas genéricas, respuestas de una talla que les sirva a todos, sino respuestas profundamente personales que penetren en su vida, las encuentre en sus luchas y en su confusión diarias, y les den esperanza y claridad. Merecen respuestas que animen su vida de una manera cristiana única, respuestas que puedan vivir.

Puede ser que aquí hayamos tropezado con una de las crisis más serias en nuestra Iglesia hoy día. Vivimos en un momento en el que más personas – católicas y no católicas por igual – tienen preguntas sobre el catolicismo, pero muy pocas personas son capaces de responder realmente esas preguntas . Hace tan sólo un par de generaciones, que un niño llegaba a la casa de la escuela con una pregunta sobre la fe católica, y que en la gran mayoría de los casos sus padres podían responder la pregunta . Ese ya no es el caso.

Una cosa que se hizo abundantemente clara a través de la investigación es que cuando uno empieza a hablarles a católicos sobre su fe, descubre un complejo de inferioridad casi universal acerca de cuán poco saben sobre el catolicismo. La mayoría de los católicos tiene miedo de que un colega, un niño, un familiar o hasta un extraño les vaya a hacer una pregunta. En realidad, tememos ese momento maravilloso, lleno de gracia en que alguien tenga el valor de hacer una pregunta sobre nuestra fe.

Lo que hace al catolicismo sorprendentemente excepcional es que hay respuestas para las preguntas. Esto es parte de lo que captó mi atención cuando, de joven, empecé a explorar el catolicismo realmente. Una de las personas que me retó a crecer espiritualmente fue un católico comprometido que era unos quince años mayor que yo, y con el que acostumbraba jugar baloncesto los Jueves. Cada semana me preguntaba si tenía algunas preguntas sobre la fe de las que querría hablar. Yo tenía muchas preguntas. Se las hacía una detrás de otra, y él tenía respuestas para la mayoría de ellas. Pero lo que más me impresionaba era que cuando no sabía la respuesta a una pregunta decía, "No sé. Déjame buscar durante el fin de semana y te responderé la semana que viene". La primera vez que él dijo esto recuerdo que pensé que sería la última vez que oiría sobre eso. Pero el Jueves siguiente, lo primero que hizo fue decir, "Leí algunas cosas sobre esa pregunta que me hiciste la semana pasada, y esto es lo que descubrí. . . ." Después de meses de este foro de preguntas, el cual fue tremendamente poderoso para mi desarrollo espiritual, un día le hice una pregunta y él me dijo, "Es hora de que avances al próximo nivel". Me explicó que por meses había estado dándome respuestas a mis preguntas, pero ahora era el momento de que yo aprendiera a encontrar las respuestas por mí mismo. A la semana siguiente fui a la biblioteca con los nombres de tres libros que él me había dado para que buscara la respuesta a mi última pregunta.

Este ir para atrás y para adelante con preguntas grandes y pequeñas impactó mi vida enormemente. Aprendí tantas lecciones de la experiencia. Por supuesto, aprendí muchas respuestas a muchas preguntas que tenía sobre la fe católica. Pero eso fue lo menos que aprendí. Aún más importante, aprendí a encontrar respuestas a preguntas que tenía sobre la fe y desarrollé la confianza para ir en busca de respuestas. Aprendí que no es bueno para nosotros que nos sirvan cada respuesta en bandeja de plata. Es bueno y saludable tener que buscar las respuestas a algunas de nuestras preguntas. Pero más que todo, aprendí que hay respuestas a nuestras preguntas católicas, y que son hermosas. Mas para ver la belleza de la fe católica tienen que estar interesados únicamente en buscar la verdad, lo cual significa que tienen que poner a un lado su propia agenda y cualesquiera prejuicios con los que la vida los ha cargado. Mientras más preguntas hice y más respuestas descubrí, más confié en la Iglesia Católica y en sus enseñanzas. Las preguntas no sólo me llevaron a respuestas individuales, sino que me permitieron descubrir la visión integral coherente del mundo que es el catolicismo. Aquí descubrí que por dos mil años las mejores mentes católicas han estado reuniendo sabiduría sobre todo tema relacionado con la experiencia humana, y esta sabiduría acumulada forma un gran cofre de tesoros.

Aquí hay tres lecciones para nosotros: 1) Necesitamos desarrollar nuestra colección de conocimientos sobre la fe católica, para que podamos vivirla más profundamente cada día que pase y así poder responderles más y más preguntas sobre nuestra fe a otras personas; 2) es importante que tengamos muy claro que no necesitamos tener todas las respuestas – sólo necesitamos saber qué recursos nos llevarán a respuestas sólidas a preguntas católicas; y 3) juntos, como Iglesia, necesitamos mejorar articulando respuestas a las preguntas de las personas de manera que resuenen con su vida.

La mayoría de los católicos tiene poco más que un conocimiento elemental de su fe. Pero hay algo más que tenemos que considerar: Cuando se trata del catolicismo hay muchísimo que saber. El catolicismo no se puede poner en un sello de correo ni dividirse en un buen bocado, e implica mucho más que simplemente aceptar a Jesús como su Señor y Salvador personal. También es importante notar que una homilía de siete minutos en la Misa del Domingo no va a hacer por el tiempo perdido. De modo que ¿cómo vamos a resolver este problema? ¿Cómo vamos a ayudar a millones de católicos de todas las edades a aprender más sobre el genio del catolicismo?

Aprendiendo de Católicos Muy Comprometidos

Los Católicos Dinámicos pueden enseñarnos muchísimo sobre cómo podemos aprender más sobre nuestra fe. Ellos han luchado con eso de una manera muy personal. Pero el fruto de su lucha es que han identificado un camino que el católico promedio puede ver, y decir, "¡Yo puedo hacer eso!" Exploremos las características que distinguen a los católicos muy comprometidos en esta área.

Es aquí que encontramos el Estudio, el segundo signo de un Católico Dinámico, de una manera muy práctica. La investigación reveló que los católicos muy comprometidos son aprendices continuos. Pasan un promedio de catorce minutos cada día aprendiendo más sobre su fe. Ellos se ven como estudiantes de Jesús y de Su Iglesia, y pro-activamente hacen un esfuerzo para dejar que Sus enseñanzas los guíen y los formen.

Un número de preguntas surge de estas conclusiones. ¿Son ustedes aprendices continuos? ¿Cuánto tiempo pasan cada día aprendiendo sobre su fe? ¿Son ustedes estudiantes de Jesús? ¿Son ustedes estudiantes de la Iglesia Católica? ¿Hacen pro-activamente un esfuerzo para dejar que las enseñanzas de Jesús y de Su Iglesia los guíen y los formen?

Al reflexionar por primera vez sobre estas preguntas, me di cuenta de que aunque el segundo signo es tan sencillo, activarlo en nuestra vida requiere un verdadero esfuerzo. Pensé en cuántos días pasan en los que no aprendo algo nuevo sobre nuestra fe. Pensé en cuán frecuentemente en mi vida tomo decisiones sin consultar a Dios. Todo esto me llevó a ver que estos hábitos aparentemente pequeños (los cuatro signos) se vuelven increíblemente poderosos cuando son aplicados consistentemente a nuestra vida.

Pablo aconsejó a los romanos, "No sigan la corriente del mundo en que vivimos, sino más bien transfórmense a partir de una renovación interior". (Romanos 12:2) El aprendizaje continuo es el proceso que lleva a la renovación de la mente. Hay tanto que descubrir sobre el catolicismo. Si pasamos toda nuestra vida estudiándolo, aún yaciendo en nuesto lecho de muerte nos

maravillaremos de cuán poco sabemos comparado con cuánto hay que saber. Así que, claramente, el significado de la vida no es aprender todo lo que hay que saber sobre el catolicismo. Lo que aprendemos de los católicos con una vida espiritual vibrante, que viven con pasión y propósito, es que aprender un poquito más sobre nuestra fe cada día alimenta nuestro desarrollo espiritual y nos ayuda a descubrir quiénes somos verdaderamente y el plan que Dios tiene para nuestra vida.

La mayoría de nosotros no está llamada a estudiar Teología formalmente, pero todos somos llamados a aumentar cada día nuestro entendimiento de la fe católica. Sin esto, muy rápida y fácilmente nos volveremos seguidores de las directrices del mundo.

Lo siguiente que descubrimos en el área de este segundo signo es que los Católicos Dinámicos tienen una rutina para su aprendizaje continuo. Al igual que con la oración, no aprenden más sobre su fe cuando pueden. Tienen un lugar en su día. Ellos tienen un plan. Tienen una rutina.

Algunos leen un buen libro católico por unos minutos a la hora de almuerzo o por la noche antes de acostarse. Otros escuchan discos compactos católicos mientras hacen ejercicio. Aún otros escuchan la radio católica cuando van al trabajo o cuando vuelven del trabajo cada día. Estas son las tres formas principales de aprendizaje diario que el 7% identifica en su vida.

Más allá de su rutina diaria, es muy probable de una manera significativa que el 7% asista a un programa de educación para adultos en su parroquia, son asistentes regulares cuando la parroquia patrocina a un orador, asisten a otros eventos católicos, y más de la mitad de los Católicos Dinámicos entrevistados consideran retiros o peregrinaciones como una parte poderosa de su vida espiritual.

Los Católicos Dinámicos tienen hambre de crecer espiritualmente y sed de la verdad. La gran mayoría de estos católicos muy comprometidos ha explorado rigurosamente por lo menos una pregunta que han tenido sobre el catolicismo. Más que simplemente hacerle a alguien su pregunta o buscar una respuesta rápida en la internet, realmente se meten de lleno en la pregunta, en el asunto. Esta búsqueda de una respuesta a su pregunta más urgente sobre la fe, casi siempre trae consigo dos lecciones. Primera, es muy difícil ver la verdad cuando estamos en medio de una situación, especialmente si la situación está muy cargada emocionalmente. Se necesita cierta objetividad para reconocer la verdad cuando se tropieza con ella. Estamos más apegados a nuestras agendas y prejuicios de lo que pensamos. Con frecuencia esas agendas y esos prejuicios son subconscientes, no estamos siquiera conscientes de cómo nos influyen. Fulton Sheen escribió, "Es fácil encontrar la verdad; es difícil hacerle frente, y aún más difícil seguirla".

La segunda lección es que no estar de acuerdo con la Iglesia sin haber examinado completamente una cuestión es arrogante y tonto. Como expliqué en la introducción del segundo signo, aunque el 7% tiende a saber mucho más sobre la fe que sus homólogos del 93%, tiene una posición de humildad que es un elemento crítico del segundo signo. Si no está de acuerdo con algo que enseña la Iglesia, enfoca la cuestión explorando la pregunta: ¿Por qué enseña la Iglesia lo que enseña? Asume que no es probable que sepan más que dos mil años de los mejores teólogos y filósofos católicos. Asume que debe faltarle algo y sigue buscándolo. Desde esta perspectiva, explora lo que la Iglesia enseña para comprender más la manera de Dios, ansioso de descubrir la verdad. Nuestra capacidad para buscar, encontrar, y adoptar la verdad está en proporción directa con nuestra humildad.

El compromiso es uno de los conceptos claves que impacta los cuatro signos. Los cuatro signos llevan al compromiso. No es de sorprenderse que mientras más aprenden las personas sobre la fe, es más probable que se comprometan más. Por supuesto, lo contrario también es cierto. Mientras menos saben sobre el catolicismo, más fácil es desentenderse e irse. El compromiso está grandemente influido por un conocimiento activo de la fe. El éxodo de la Iglesia Católica que hemos visto en los últimos veinticinco años, es, en gran parte, un éxodo de ignorancia. La gran mayoría de los que se han ido no tienen idea de lo que están dejando. No obstante, es importante notar que la ignorancia detrás de este éxodo no es necesariamente una ignorancia de doctrina, sino una ignorancia de aplicación. La doctrina católica, especialmente sobre alguna cuestión controversial, frecuentemente es muy conocida hasta por los no católicos. Pero la mayoría de los católicos lucha para aplicar la perspectiva católica a los momentos cotidianos de su vida. Les falta un conocimiento activo de lo que enseña la Iglesia.

El segundo signo también juega un papel poderoso alimentando los otros tres signos. El estudio alimenta la Oración, la Generosidad, y la Evangelización. Mientras más aprendemos sobre nuestra fe, es más probable que tomemos en serio la vida espiritual. Aprender sobre la visión católica del mundo y sobre la dignidad que Jesús le atribuye a toda persona humana estimula la Generosidad. Nos percatamos de la visión católica al descubrir respuestas a preguntas que han estado dándonos vuelta en la mente por algún tiempo. La reacción natural, pues, es querer compartir esa visión y esas respuestas con otras personas – Evangelización, el cuarto signo.

Al profundizar más y más en los cuatro signos de un Católico Dinámico, descubrimos que están interconectados de maneras poderosas y prácticas, y que realmente tienen las semillas para la renovación de nuestra vida y de nuestras parroquias.

Ahora veamos cómo podemos aplicar el segundo signo a nuestra vida. Recuerden, mi esperanza es que cuando lleguen al final de cada capítulo habrán llegado a comprender cada signo de una manera que los lleve a decir, "¡Yo puedo hacer eso!"

¿Cómo Comen Un Elefante?

El catolicismo puede ser intimidante. Tratar de aprender más sobre él puede ser abrumador. Saber dónde empezar puede ser desconcertante. Para vencer los obstáculos para desarrollar un conocimiento vivo y activo de nuestra fe, vamos a volver a uno de los cuatro conceptos claves: el mejoramiento continuo. El aprendizaje continuo se encuentra en el centro del Estudio, el segundo signo de un Católico Dinámico. Es un derivado de un concepto más general del mejoramiento continuo, que discutimos brevemente en el Capítulo Uno. De modo que pensé que sería útil comprender más profundamente el concepto más general y cómo podemos desatarlo para obtener resultados impactantes en nuestra vida y en nuestras parroquias.

El mejoramiento continuo es un enfoque a largo plazo que busca lograr cambios pequeños y aumentables. Cada cambio puede ser tan pequeño y sencillo que en el momento parece insignificante; pero a medida que se añaden estos cambios, con el tiempo, juntos, se vuelven enormes.

Consideren por un momento la idea del interés compuesto, que también es un derivado del concepto general del mejoramiento continuo. Albert Einstein dijo, "La fuerza más poderosa del universo es el interés compuesto". Siendo Dios y el amor las fuerzas más poderosas, él estaba exagerando para hacer una observación; pero, de todas maneras, es una buena observación.

Veamos un ejemplo para comprender el poder de esta idea. Si todos los meses apartan $100 para su hija hasta que ella empiece a ganarse la vida por sí misma, y entonces ella aparta $100 mensualmente hasta cumplir sesenta y cinco años de edad, habrían ahorrado $78,000. Pero si ustedes invierten esos mismos $100 cada mes a un 7% de interés compuesto, a los sesenta y cinco años su hija tendría $1,583,822.61.

Hace unos años, decidí correr un maratón. Lo primero que hice fue investigar cómo entrenarme y prepararme para el maratón. Hay muchos enfoques distintos, pero el que yo escogí estaba basado esencialmente en el concepto del mejoramieinto continuo. Cuando empecé el entrenamiento, literalmente no podía correr por cinco minutos. Pero el programa me aseguraba que eso estaba bien. La primera semana el programa me dijo que corriera por tres minutos y después caminara por dos minutos, alternando durante cuarenta y cinco minutos. Al leerlo, pensé, "¡Yo puedo hacer eso!" La semana siguiente corrí por cinco minutos y caminé por dos minutos. Esto continuó, pequeños cambios cada semana en el curso de seis meses, hasta que finalmente estuve listo para correr un maratón. Ese es el poder del mejoramiento continuo.

Otro ejemplo es escribir un libro. Personas me envían correos electrónicos un par de veces cada semana por lo menos, pidiéndome consejo acerca de cómo escribir un libro. La pregunta que me gusta hacer es, "¿Puede escribir 600 palabras?"

La idea de escribir un libro puede ser desalentadora. Mi proceso es muy sencillo. Decido cuántos capítulos va a tener el libro, identifico el tema de cada capítulo, me devano los sesos pensando en las ideas claves para cada capítulo, y las coloco en el orden que pienso fluirá bien. Ahora estoy listo para escribir. Me siento y me digo, "Simplemente escribe 600 palabras sobre esta idea". Cualquiera puede escribir 600 palabras sobre cualquier cosa. No intimida y por lo tanto es posible lograrlo.

En el libro que están leyendo hay seis capítulos. Para el capítulo que están leyendo, la estructura es:

Título: El Genio del Catolicismo
Sección Uno: ¿Cuál es Su Visión del Mundo?
Sección Dos: Un Mundo Sin Verdad
Sección Tres: Las Personas Merecen Respuestas a Sus Preguntas
Sección Cuatro: Aprender De Católicos Muy Comprometidos
Sección Cinco: ¿Cómo Comen un Elefante?

Empecé tratando de escribir 600 palabras sobre cada una de estas ideas claves, y aquí estamos 600 palabras después. La idea de escribir un libro es abrumadora para la mayoría de las personas. Pero es posible lograr la idea de escribir 600 palabras. Provee un punto de partida.

La parte más difícil de hacer algo es empezar. Lo mismo es cierto para cada uno de los cuatro signos. Un transbordador espacial usa el 96% de su combustible durante el despegue. Lo difícil es empezar. Es por eso que necesitamos sistemas. Lo que acabo de describir es mi proceso para escribir un libro. Es un sistema que emplea un mejoramiento aumentable para ayudarme a lograr hacer una gran tarea poco a poco. ¿Cuál fue la primera cosa que identificamos sobre los Católicos Dinámicos? Tienen un compromiso diario con la oración, tienen una rutina de oración. Su rutina de oración es un sistema que les permite empezar. ¿Qué dijimos sobre la mayoría de las personas cuando se sientan a orar? Ven lo que pasa. Y, ¿qué pasa? Usualmente, nada. Les falta la rutina, el sistema.

El mejoramiento aumentable más pequeño puede producir resultados increíbles en un largo período de tiempo.

Hace varios años, le pedí a mi equipo en el Instituto de Católicos Dinámicos que ponderara esta pregunta: Si tuviéramos que abandonar todo aquello en que estamos trabajando y empezar proyectos nuevos el año próximo, ¿hacia qué nuevos esfuerzos debemos enfocar nuestra energía? La única estipulación que di fue que cualquier idea que aportaran tenía que tener el potencial de ser un elemento de cambio completo para la Iglesia Católica en los Estados Unidos. Les dije que tendríamos treinta días para pensarlo, y entonces volveríamos a reunirnos para discutir las ideas que se les habían ocurrido. Yo quería que exploráramos nuevas maneras de hacer cosas que aumentaran nuestro alcance y el impacto y sostenimiento de nuestra labor.

Un mes más tarde nos reunimos para discutir más de sesenta ideas que se les habían ocurrido. La mayoría fue descartada rápidamente por el grupo por falta de habilidad para ser un elemento de cambio completo. De todas esas ideas escogimos tres para enfocar nuestra atención en ellas durante la próxima década.

La primera fue la investigación detrás de este libro.

La segunda fue desarrollar los sistemas dinámicos de aprendizaje para cada uno de los Momentos Católicos: Bautismo, Primera Reconciliación, Primera Comunión, Confirmación, Preparación para el Matrimonio, RICA (RCIA), Adviento, Cuaresma, y la Misa Dominical. Tenemos que encontrar una forma atractiva de enseñar a las personas sobre la fe. Lo que estamos haciendo no está funcionando. Necesitamos programas de talla mundial en cada una de estas áreas.

La tercera, tengo que admitir que estaba más que un poco escéptico sobre ella. La idea era distribuir copias gratuitas del libro *Rediscover Catholicism / Redescubre el Catolicismo* a todas las personas al salir de la Misa de Navidad. La meta era darles un nuevo vigor a los católicos y a sus parroquias; pero, en particular, hacer un intento para atraer nuevamente a los católicos que se han alejado invitándolos a leer un libro católico.

"¿Cómo pagaríamos por los libros?" pregunté. El equipo sugirió cubrir el costo del producto experimental con dinero de nuestro presupuesto de operaciones; y, si tenía éxito, en el futuro podríamos ofrecer el libro a las parroquias a un costo muy bajo.

¿Han notado jamás cuán llena está la Misa en la Navidad? En la Navidad, el treinta y dos por ciento de las personas en los bancos va a la iglesia una o dos veces al año solamente. Algunas van en la Navidad y en la Pascua de Resurrección; otras para la Navidad y para una boda o un bautizo. El punto es que en la Navidad todos están ahí en un lugar, y es la única oportunidad que tenemos para volver a atraerlos como grupo. En cualquier otro momento del año tenemos que ir a buscarlos uno a uno.

Imaginen si un negocio supiera que todos sus clientes previos iban a venir juntos el mismo día al mismo lugar. ¿Qué harían con esta información? Los negocios sacarían todas las señales ordenando detenerse y vencerían todo obstáculo para encontrar maneras de volver a atraer a esos clientes.

Si tres mil personas van a las Misas de Navidad en su parroquia, eso significa que 960 están en la categoría de asistir una o dos veces al año. ¿Saben cuán difícil es hacer que 960 personas vayan a cualquier cosa? Imaginen cuánto tiempo, cuánta energía, cuántos recursos requeriría que 960 católicos asistan una vez al año vayan a su iglesia en un solo día. La mayoría de las parroquias simplemente no podría hacer que pasara. Sería así de difícil. Pero ellas aparecen una vez al año por su propia voluntad. ¿No es hora de que nos aprovechemos de esa oportunidad?

La Navidad es la mejor oportunidad que tenemos cada año para volver a atraer a los católicos desconectados.

"¿Cómo sería esto un elemento de cambio?" Le pregunté al equipo.

"Los elementos de cambio usualmente son sencillos", dijo un miembro del equipo. Usted siempre está hablando de cómo nos dejamos hipnotizar por la complejidad cuando se trata de nuestra fe porque implica tanto. Pero la verdad es que si cada católico en los Estados Unidos leyera un gran libro católico cada año, eso sería un elemento de cambio. Aún si lo único que los Católicos Dinámicos hicieran en los próximos diez años fuera poner una copia de un gran libro en las manos de cada católico en los Estados Unidos cada año, eso sería una contribución increíble. Pero si pudiéramos establecer un programa que permitiera a las parroquias distribuir un gran libro católico distinto cada Navidad, si pudiéramos hacerlos disponibles, digamos, por dos dólares el ejemplar, podrían darle un ejemplar a cada persona. Imaginen qué pasaría si cada católico en los Estados Unidos leyera solamente un gran libro católico cada año por el resto de su vida. Sería un elemento de cambio".

"¿Cuántos católicos leyeron un libro católico el año pasado?" Pregunté. La respuesta me horrorizó. Un uno por ciento. Eso es, en el 2007 solamente un uno por ciento de los católicos americanos leyó un libro católico.

Esa Navidad pusimos a prueba el programa con cincuenta mil ejemplares de *Rediscover Catholicism / Redescubre el Catolicismo.*

La respuesta fue asombrosa. Aquí están selecciones de algunas de las cartas que recibimos.

"No estoy seguro de por qué fui a la iglesia la Navidad pasada. No había ido en veinte años. Pero algo me atrajo. De cualquier manera, a la salida de la iglesia me dieron un ejemplar de su libro *Rediscover Catholicism / Redescubre el Catolicismo*. Por primera vez en mi vida el catolicismo tiene sentido para mí. Gracias. Desde la Navidad, he ido a la iglesia todos los Domingos y todo porque me dieron un libro".

"Al salir de la iglesia la Navidad pasada, le dieron a mi hijo una copia de *Rediscover Catholicism / Redescubre el Catolicismo*. Hace diez años que él dejó de ir a la iglesia con regularidad. Estábamos de vacaciones y me asombré cuando lo vi leyéndolo al día siguiente. Me sorprendí aún más cuando a la semana siguiente sugirió que todos fuéramos a la iglesia y después a desayunar. Sólo quiero darle las gracias. Usted no sabe lo feliz que hace a una madre ver a su hijo volver a la iglesia".

"Yo voy a la iglesia todos los Domingos, pero en realidad nunca lo comprendí. Primero fui para complacer a mis padres y después a mi esposa, pero recibí una copia de *Rediscover Catholicism / Redescubre el Catolicismo* cuando iba saliendo de la Misa. ¡Guau! Tengo que decir que en verdad lo hace tan accessible. Ya les he dado una copia del libro a doce personas, y no he terminado. Gracias por la obra que usted y su equipo están haciendo".

El Programa de Libros Parroquiales de El Católico Dinámico ha estado en operación desde entonces. El programa se ha expandido para incluir más de una docena de libros escritos por algunos de los más grandes autores católicos de nuestro tiempo, y cada año agregamos nuevos títulos.

Este año distribuiremos más de dos millones de libros y discos compactos para que las parroquias los regalen en las Misas de Navidad. Algunas diócesis distribuirán un libro a cada persona que vaya a Misa en su diócesis esta Navidad. A petición de cientos de parroquias, también hacemos que varios libros estén disponibles para la Cuaresma, la Pascua de Resurrección, y programas de verano, y hemos expandido el programa para incluir libros de muchas de las grandes voces católicas de nuestro tiempo. Seleccionamos libros que ayudan a las personas a crecer en la comprensión y la práctica de los cuatro signos y he visto increíbles resultados en parroquias, con un aumento en el compromiso y en el entusiasmo entre los primeros indicadores.

Aunque estoy de acuerdo con mi compañero de equipo que dijo que si en los próximos diez años solamente distribuyéramos un libro a cada católico en los Estados Unidos eso sería una gran contribución, no queríamos detenernos ahí. Sabíamos que podíamos y debíamos hacer más, y el libro que tienen en las manos y la investigación detrás del mismo es sólo el comienzo de la misión más grande a la que nos sentimos llamados. Y la verdad es que si cada católico en los Estados Unidos leyera uno o dos grandes libros católicos cada año, eso sería un elemento de cambio. Parece tan simple, pero lo cambiaría todo.

Ahora consideren el problema a mano. La ignorancia del catolicismo es masiva. Estamos conscientes de que mientras más sabe alguien sobre la fe, más probable es que se vuelva muy comprometido/a. La mayoría de las personas no sabe dónde empezar.

¿Es la solución para este problema tener más clases de educación para adultos o mejores experiencias educativas para adultos? Probablemente no. ¿Por qué? Porque aún si se diseña la mejor educación para adultos del mundo, solamente asistiría una fracción de la población católica. Esto no significa que no debamos tener grandes sesiones educativas para adultos y presentarlas de una manera que sea de talla mundial. Debemos hacerlo. Sería un elemento de cambio para algunos, pero no para toda la Iglesia. ¿Es la solución para el problema tener mejores homilías dominicales? No, ¿Por qué? Porque sólo se puede compartir tanto en siete minutos un Domingo. Esto no significa que no debamos trabajar para ofrecer homilías de talla mundial; simplemente significa que probablemente no resolverán el problema de cuán poco saben los católicos sobre su fe. El problema con eventos en la iglesia es que no se puede conseguir que asistan suficientes personas, y el problema con las homilías dominicales es que son demasiado cortas e infrecuentes para solucionar el problema.

Si su meta fuera enseñar a muchos católicos a tantos como se pudiera sobre la fe católica en los próximos diez años, necesitaría un método que fuera portatil y práctico para millones de personas. La respuesta está en los buenos libros antiguos.

Si leyeran cinco páginas de un gran libro católico cada día, se asombrarían de cómo su conocimiento y su entusiasmo por la fe empezaría a aumentar. Sólo cinco páginas diarias. Espero que estén pensando, "¡Yo puedo hacer eso!". Cinco páginas diarias durante un año son 1,825 páginas en ese año, 18,250 páginas en diez años, y 45,625 páginas en veinticinco años. Eso equivale a 228 libros con una longitud promedio de doscientas páginas.

Si le piden a la mayoría de las personas que lean 45,625 páginas de material católico, estarían completamente abrumados. Si le piden a la mayoría de las personas que se comprometan a leer 228 libros católicos se sentirían intimidados. Pero cinco páginas diarias, podemos hacer eso. El mejoramiento continuo – hace posibles cosas increíbles.

¿Cuán diferente sería su vida de hoy en un año, de hoy en cinco años, de hoy en diez años si leyeran cinco páginas de un gran libro católico cada día?

¿Cuán diferente sería su parroquia de hoy en un año si cada miembro leyera cinco páginas de un gran libro católico cada día? ¿Cuán diferente sería la Iglesia Católica en los Estados Unidos si cada uno de nosotros leyera cinco páginas de un gran libro católico cada día? Es un elemento de cambio – simple, práctico, poderoso, transformador.

El mundo y la cultura no pueden responder nuestras preguntas más profundas ni traer un significado profundo a nuestra vida. Para respuestas a nuestras preguntas más profundas tenemos que volvernos a Dios. Sólo entonces, por medio de esas respuestas y con un corazón abierto, nuestra vida será inundada de significado y propósito.

Cinco páginas cada día. Espero que puedan oir la voz de su mejor ego dentro de ustedes diciendo, "¡Yo puedo hacer eso!". Si no saben con qué libros empezar, visiten DynamicCatholic.com y soliciten la lista de los diez libros que cambiaron mi vida. Son un gran lugar para empezar. Vuélvanse un aprendiz continuo, y alienten a cada católico que conozcan a hacer lo mismo. Una de las mejores cosas sobre el catolicismo es que hay respuestas. Empecemos a llenar nuestro corazón y nuestra mente con la verdad y la bondad de esas respuestas.

¿Cómo se come un elefante? Un bocado a la vez.

RESUMEN DEL CAPITULO
ESTUDIO

- Jesús le cambió la visión del mundo a toda persona que encontró.

- Dios tiene un sueño increíble para todos y cada uno de nosotros. El quiere que se conviertan en la mejor versión de ustedes mismos.

- El genio del catolicismo es que todo tiene sentido en relación a esta idea única. Si quieren usar la frase "crecer en santidad" o "convertirse en una versión mejor de ustedes mismos" depende completamente de ustedes. La vida se trata de decir que sí a las cosas que los ayudan a crecer en santidad (convertirse en la mejor versión de ustedes mismos) y no a las cosas que no.

- Un mundo sin verdad sería un mundo sin alegría ni significado.

- Relativismo es la teoría de que no hay verdades absolutas, pero más bien de que toda verdad es relativa. Es decir, algo que es verdad para ustedes puede no ser necesariamente verdad para mí. Esta filosofía está llena de contradicciones porque la idea de que nada es absoluto es ella misma una afirmación absoluta.

- El problema real con el relativismo es que si no hay lugar para la verdad,no hay lugar para la sabiduría. Por definición, sabiduría es la habilidad para discernir o juzgar lo que es verdad, bueno, correcto, o perdurable. El relativismo hace irrelevante a la sabiduria.

- Si la humanidad ha de hacer algún progreso en el próximo siglo, el relativismo moral tiene que llegar a su fin.

- Las personas merecen respuestas a sus preguntas, especialmente a las que tienen que ver con la fe.

- Los católicos tienen un complejo de inferioridad casi universal acerca de lo poco que saben de su fe.

- Los católicos muy comprometidos son aprendices continuos. Pasan un promedio de catorce minutos cada día aprendiendo más sobre la fe.

- Se ven como estudiantes de Jesús y de Su Iglesia, y, proactiva-mente,hacen un esfuerzo para dejar que Sus enseñanzas los guíe y los forme.

- Los Católicos Dinámicos tienen una rutina para su aprendizaje continuo. Así como con la oración, no aprenden más sobre su fe simplemente cuando pueden. Tiene un lugar en su día. Tienen un plan. Tienen una rutina.

- Si leyeran cinco páginas de un gran libro católico cada día, se asombrarían de cómo su conocimiento y su entusiasmo por la fe empezaría a crecer. Cinco páginas al día son 1,825 páginas en un año, 18,250 páginas en diez años, y 45,625 páginas en veinticinco años. Eso equivale a 228 libros con una longitud promedio de 200 páginas.

- Si le piden a la mayoría de las personas que lean 45,625 páginas de material católico, estarían completamente abrumados. Si le piden a la mayoría de las personas que se comprometa a leer 228 libros católicos se sentirían intimidados. Pero cinco páginas dia-rias, podemos hacer eso. Mejoramiento continuo – hace posibles cosas increíbles.

- ¿Cuán diferente sería su vida de hoy en un año, de hoy en cinco años, de hoy en diez años si leyeran cinco páginas de un gran libro católico cada día?

- ¿Cuán diferente sería su parroquia de hoy en un año si cada feli-grés leyera cinco páginas de un gran libro católico cada día? Es un elemento de cambio – simple, práctico, poderoso, transformador.

- El segundo signo de un Católico Dinámico es el Estudio.

CONCEPTOS CLAVES:

El Genio del Catolicismo; la mejor versión de ustedes mismos; Santidad; Relativismo; Estudio; Mejoramiento Continuo; Elemento de Cambio.

EL TERCER SIGNO

GENEROSIDAD

Capítulo Cuatro

LAS PERSONAS MAS FELICES QUE CONOZCO

LAS PERSONAS MAS FELICES que conozco son también las personas más generosas que conozco. ¿Es eso una coincidencia? No lo creo. El mundo propone el egoísmo como el camino a la felicidad. Dios propone la generosidad como el camino a la felicidad. Conozco a mchas personas egoístas, pero no conozco aninguná que tenga una felicidad profunda y perdurable. Las personas egoístas siempre parecen intranquilas y descontentas. La felicidad que experimentamos por medio del egoísmo es pasajera porque depende de circunstancias externas. Mas también conozco algunas personas muy generosas, y su felicidad no depende de cosas que van como ellas quieren ni de conseguir lo que quieren; su felicidad está enraizada en la vida de Dios. Esta felicidad, esta alegría brota de algo que está pasando en su interior. Todos estamos invitados a esa vida y a esa felicidad, y la generosidad es el camino que lleva allí.

A veces me pregunto, ¿cómo es Dios realmente? Pasamos mucho tiempo hablando de Dios y de la Iglesia, de la religión y de la espiritualidad, mas algunas veces todo ese hablar puede interponerse en el camino de pensar realmente en Dios. ¿Alguna vez se han preguntado cómo es Dios realmente? ¿Cómo lo describirían? Terminen esta oración: Dios es . . .

"Dios es amor" es como el Evangelio de Juan termina la oración (Juan 4:8). Nietzsche fue noticia con la afirmación "Dios está muerto". ¿Qué palabras usarían ustedes para describir a Dios?

Una palabra que yo usaría es *generoso*. En todo lo que le atribuimos a Dios veo actos inmensos de generosidad. La Creación es generosa. El libre albedrío es generoso. La vida es generosa. El amor es generoso. La generosidad de Dios es asombrosa.

Encontramos esta generosidad divina expuesta de maneras increíbles por Jesús. Me encanta leer los Evangelios. Los leo una y otra vez y siempre me parece captar una nueva visión de la vida y de las enseñanzas de Jesús. Los Evangelios siempre son frescos. No es que cambién, yo cambio. Las circunstancias de mi vida cambian, las cuestiones con las que estoy lidiando cambian, de modo que los Evangelios parecen nuevos. O quizás es porque no estaba abierto a cierta verdad la última vez que leí un pasaje en particular, pero Dios me ha llevado a un nuevo lugar, me ha liberado de una parcialidad o de un punto ciego, y ahora estoy abierto a una verdad que siempre estuvo ahí. A veces me gusta leer los Evangelios con un tema en mente. Como me he estado preparando para escribir este libro, he reflexionado sobre el tema de la generosidad en los Evangelios. Resulta que es un tema importante.

Todas las grandes figuras que emergen en los Evangelios son generosas. Por supuesto, tienen el óbolo de la viuda, un acto obvio de generosidad. Pero en toda gran figura del Evangelio encuentran generosidad. La respuesta de María a Dios cuando se le apareció el ángel fue un acto increíble de fe, rendición y generosidad. Los Reyes Magos viajando desde lejos con regalos para el Niño Jesús, fueron generosos. El hecho de que los primeros doce lo abandonaran todo para seguir a Jesús fue increíblemente generoso. Y entonces ahí está el mismo Jesús. Su primer milagro en Caná no fue un milagro de necesidad, fue un milagro de abundancia y generosidad. A lo largo de Su vida sirvió a las personas enseñándolas, alimentándolas, curándolas, proveyendo un liderazgo espiritual, y consolándolas. Finalmente, en Su sufrimiento y muerte en la cruz, dio su vida por nosotros en el supremo acto de generosidad. Los Evangelios son una historia sobre el triunfo de la generosidad.

La generosidad está en el centro de la vida cristiana, justo como está en el centro del Evangelio. Porque, con frecuencia, es por medio de nuestra generosidad que podemos llevar el amor de Dios a la vida de los demás de maneras muy reales y tangibles. Dios es generoso por Su propia naturaleza. Dios quiere convencernos de Su generosidad, y a cambio quiere que nosotros vivamos una vida generosa.

Pero el mundo no lo ve de esta manera. No sorprendentemente, de nuevo tropezamos aquí con la gran línea divisoria entre el modo de vida que la cultura de hoy propone y la vida que Dios nos invita a vivir. Mientras que Dios está invitándonos a una vida alegre de desprendida generosidad, el mundo está tratando de seducirnos hacia un egoísmo que todo lo abarca. Consideren algunas de las diferencias:

Dios nos invita a una vida de gratitud, mientras que el mundo promueve el descontento. Dios propone la confianza; el mundo diespierta el miedo. Dios promueve dar; el mundo promueve tomar. Dios nos invita a cooperar con Su providencia mientra que el mundo apoya la auto-determiación. Dios nos designa para administrar sus dones mientras que el mundo promueve la propiedad. El mundo alienta los derechos cuando en realidad todo es un don de Dios. Dios nos invita a velar por nuestro prójimo; el mundo nos dice que velemos por nosotros mismos. Dios opera desde la abundancia; el mundo desde un lugar de escasez. Dios nos creó de la generosidad para vivir una vida generosa; el mundo nos alienta a vivir una vida pequeña y egoísta.

La generosidad comienza con gratitud. ¿Estamos agradecidos por todas las bendiciones que Dios ha derramado sobre nosotros? En las entrevistas conducidas con Católicos Dinámicos se hizo obvio que los católicos muy comprometidos viven en un estado de gratitud. Tienen un sentido abrumador de que su vida ha sido bendecida. Cuando les pedí que me hablaran sobre las bendiciones que inspiraron esta gratitud, no hablaron de cosas extraordinarias. De hecho, en esas entrevistas no oí nada que sugiriera que estas personas fueran más bendecidas que otras. Pero reconocían sus bendiciones. Con regularidad, se tomaban el tiempo para identificar a las personas, las oportunidades, y las posesiones que les trajeron gratitud. Fue una lección de humildad para mí. Me di cuenta de que tengo tantas cosas por las que estar agradecido, pero con demasiada frecuencia doy por sentadas estas bendiciones o simplemente no reflexiono sobre ellas. ¿Soy una persona agradecida? Hay días en los que estoy lleno de una sensación abrumadora de gratitud, pero en otros es tan fácil salirse de ese estado.

Estamos en nuestros mejores momentos cuando estamos agradecidos. En el Capítulo Uno hablamos sobra la salud espiritual. Uno de los principales indicadores de mi salud espiritual es si estoy o no en un lugar de gratitud. Lo he observado repetidas veces. Cuando estoy de mal genio o me abrumo por una situación, usualmente pierdo la perspectiva de la gratitud. La próxima vez que estén de mal genio pregúntense si son agradecidos. Es imposible ser agradecido y estar de mal genio. Es cuando nos alejamos de la gratitud que nos volvemos irritables, intranquilos, y descontentos.

El mundo nos lleva a una conversación sobre todo lo que no tenemos, pero Dios nos invita a una conversación sobre todo lo que tenemos. ¿Cuál de esas conversaciones está saltando en su cabeza hoy?

Administración de los Dones de Dios & La Providencia

Cuando hablamos sobre la generosidad en la iglesia, usualmente lo hacemos en el contexto de la administración de los dones de Dios y hablamos de tres categorías: tiempo, talento, y tesoro. La administración consiste en manejar cuidadosa y responsablemente algo que ha sido confiado a nuestro cuidado. Como cristianos, se nos ha enseñado que nuestro tiempo, nuestros talentos y nuestro tesoro, todos, nos han sido prestados por Dios – y que un día tendremos que rendir cuenta de la forma en que los hemos administrado. El mundo dice hagan lo que quieran con su tiempo y su talento, y en cuanto a su tesoro – "¡Es cosa suya!" "Ustedes lo ganaron, les pertenece". Qué tiene que ver Dios con eso?" " En cuanto a otras personas, que se cuiden ellas mismas". Cuando olvidamos la verdadera fuente de las cosas, el desorden empieza a reinar en nuestra vida. Dios quiere sacarnos del caos de este mundo y guiarnos hacia su orden divino.

¿Son ustedes buenos administradores de lo que Dios les ha confiado? Piensen en eso por un momento. Sé que he hecho muchas preguntas en este libro, pero vayan despacio, hagan una pausa y reflexionen sobre esto por uno o dos minutos. Si consideran las últimas veinticuatro horas, ¿fueron buenos administradores de este tiempo? ¿Cuánto tiempo desperdiciaron? Cuánto tiempo pasaron que no los ayudó a convertirse en la mejor versión de ustedes mismos? ¿Hicieron tiempo para orar? ¿Le concedieron a la oración su mejor tiempo, cuando tenían la energía para concentrarse, o su peor tiempo, cuando estaban exhaustos de otro día ocupado?

Pensar en estas cuestiones es una lección de humildad, pero a menos que hagamos tiempo para reflexionar sobre cómo estamos enfocando nuestro papel de administradores con un propósito, no podemos crecer en esta área.

Ahora piensen en sus talentos. ¿Son buenos administradores de los talentos que Dios les ha confiado? ¿Los están usando para crear el mayor bien para el mayor número de personas? ¿Están descuidando un talento que les ha dado Dios?

¿Son buenos administradores del tesoro que Dios les ha confiado? ¿Están agradecidos por el dinero y las posesiones que fluyen durante su vida? ¿Son generosos con las cosas que tienen? ¿Las ponen a las disposición de otras personas para que las disfruten, o la guardan celosamente? ¿Son generosos con el dinero que tienen a su disposición?

En el Capítulo Dos hablamos sobre el valor y la importancia de desarrollar una rutina diaria de oración, un tiempo cada día para alejarnos del mundo y hacer una pausa para pasar algún tiempo reflexionando sobre nuestra vida y estar en íntima comunión con Dios. El Proceso de la Oración expuesto en ese capítulo nos permite hacer una pausa y reflexionar de esta manera cada día.

La administración de los dones de Dios es una de las grandes responsabilidades que Dios pone sobre nuestros hombros. Es imposible vivir a la altura de esta responsabilidad a menos que la enfoquemos con gran intencionalidad. El mundo pone muchos obstáculos en nuestro camino cuando buscamos ser buenos y fieles administradores de todo lo que Dios nos ha confiado. La providencia y la justicia social también están en el centro de la discusión sobre la administración de los dones de Dios. Como cristianos se nos enseña que Dios provee para nuestras necesidades. Esto no significa que podemos sentarnos, no hacer nada, y esperar a que Dios ponga comida en la mesa esta noche. La providencia no es una excusa para la holgazanería. No debemos pedir un milagro cuando todo lo que se necesita es una oportunidad. La providencia requiere nuestra cooperación.

La pregunta fundamental en cualquier discusión sobre la Divina Providencia es: ¿Confían en que Dios proveerá para ustedes? Intelectual y teológicamente es fácil decir que sí, pero prácticamente preferimos no tener que depender de Dios. Preferimos tomar las cosas en nuestras propias manos, y esa es la línea que cruzamos para unirnos a la perspectiva del mundo de la auto-determinación. Parte de la razón es la confianza, pero la otra parte es la avaricia. La promesa de Dios es que El proveerá para nuestras necesidades, no que proveerá para nuestra avaricia. Es aquí donde nuestro mundo choca con el de nuestro prójimo. Cuando ponemos lo que queremos antes que las necesidades de nuestro prójimo abandonamos nuestro puesto como administradores de los dones de Dios. Hay comida en abundancia en el mundo para alimentarnos a todos; y, sin embargo, más de dos mil millones de hombres, mujeres, y niños tienen hambre ahora mismo. Y no es solamente en tierras extranjeras que las personas padecen hambre. En los Estados Unidos, más del 20 por ciento de los niños vive en la pobreza. La Madre Teresa estuvo más en contacto con la necesidad humana que la mayoría de la gente Fue de su vasta experiencia con el sufrimiento de tantos que nos aconsejó, "Vivan de una manera simple para que otros puedan simplemente vivir". Es aleccionador pensar que si estuviéramos dispuestos a pasar sin algunas de las cosas que complican nuestra vida o de tantas cosas que en realidad no necesitamos, podríamos salvar vidas.

Mis ojos siempre se llenan de lágrimas durante la escena hacia el final de *Schindler's List / La Lista de Schindler,* cuando la guerra ha terminado y Oskar Schindler y su esposa están huyendo. Habiendo salvado a tantos judíos polacos de una muerte cierta, ahora él mismo es perseguido. Esencialmente, él le compró a sus trabajadores a un oficial nazi corrupto, simulando que los necesitaba para trabajar en su nueva factoría, pero en verdad los estaba comprando para salvarles la vida.

En la escena, él está caminando hacia su automóvil rodeado por los mil cien judíos agradecidos cuya vida él había salvado. Ahora que todo ha terminado, se da cuenta de que hubiera podido hacer más, de que hubiera podido salvar más vidas. Dice, "debí haber vendido el automóvil, ¿por qué me quedé con el automóvil? Pude haber tenido dos personas más". Saca un alfiler de oro de su chaqueta y dice, "Esto es oro. Debí venderlo. Pude haber tenido a otra persona". Entonces, Itzhak Stern, el judío que trabajó con Schindler para hacer todo esto, lo sujeta y dice, "Tú hiciste tanto. Mira a tu alrededor. Mil cien personas están vivas por ti.

Schindler no era un hombre perfecto de manera alguna, pero lo que él hizo fue heróico, y aún sintió que no había hecho suficiente, como si hubiera tenido que hacer más y hubiera debido hacer más. Millones alrededor de él estaban haciendo nada, pero aún él supo en su corazón que hubiera podido hacer más.

Hoy día hay menos de cuatro mil judíos en Polonia; y en todo el mundo, hay más de seis mil descendientes de los judíos que Schindler salvó.

La mayoría de nosotros vive lejos de la heróica generosidad de Schindler. El llegó a extremos extraordinarios, arriesgando su vida, para salvar vidas judías durante el Holocausto. Pero sería una lástima llegar al final de nuestra vida y darnos cuenta de que hubiéramos podido hacer tanto más por otras personas.

No podemos hacerlo todo, pero eso no significa que no debamos hacer algo. No podemos salvarlos a todos, pero eso no significa que no debemos salvar a algunos. No dejen que lo que no pueden hacer interfiera con lo que pueden hacer. Y lo que podemos hacer todos nosotros es hacer pequeños sacrificios y simplificar nuestra vida de alguna pequeña manera para que otros puedan simplemente vivir.

Una vez más, el Evangelio nos reta no teóricamente, sino de maneras reales y prácticas. Trata de abrirse camino hacia el centro de nuestro corazón por medio de eventos diarios de nuestra vida. Hace unas semanas, leí algo que me hizo hacer una pausa y volver a evaluar mi vida. Fue algo que León XIII escribió en 1981: " Una vez nos hemos ocupado de la necesidad y la corrección, todo lo demás les pertenece a los pobres". Unos días después descubrí esta cita de Fulton Sheen: "Nunca midan su generosidad por lo que dan, sino más bien por lo que les queda". Al igual que el joven rico, encuentro que tengo mucho. De modo que cada vez que entro en este tema me encuentro retado a ser más generoso que antes.

La generosidad y la justicia van de mano. Si tomamos en serio nuestro papel de administradores de todo lo que Dios nos ha confiado, creceremos con cada año que pasa para volvernos más generosos. Si somos verdaderamente generosos, la justicia social se convertirá en una parte integral de quién somos. Cuando el Evangelio está plenamente vivo en nosotros, no se necesita hablar de la justicia social como algo separado ni de pensar sobre ella como otro tema, porque es una parte integral de la auténtica vida cristiana. Una vez que nos sumergimos en el Evangelio, nos damos cuenta de que hay un nivel de generosidad que va más allá de simplemente darles dinero y cosas a los pobres. Es una generosidad que nos reta a cambiar las condiciones que los hace pobres.

Si abrimos los ojos, descubriremos que estamos rodeados de necesidad. Las necesidades del prójimo siempre son una invitación de Dios a que vivamos generosamente. Todos los días, muchas oraciones no son respondidas, y me parece que no es porque Dios no quiso responder esas oraciones, sino porque El nos envió para responderlas y no prestamos atención al llamado.

El Ambito de Nuestra Generosidad

Hay tantas maneras de ser generoso. Una de mis pasiones es leer biografías. Recientemente, estaba leyendo una sobre Robert Redford, y el autor había entrevistado a muchos de los actores que habían trabajado con Redford en el curso de su carrera de actor y director. Uno de los actores describió a Redford como un director generoso. Pensé que esa era una descripción interesante. El actor pasó a explicar que la mayoría de los directores simplemente dicen cómo quieren que se haga una escena y entonces esperan que se haga de esa manera. "Pero Redford pediría que uno la hiciera de la manera que él la había previsto, y después diría, 'OK, ahora vamos a hacer otra toma y traten de hacerla a su manera'. Era una manera muy generosa de dirigir". Hay una manera de ser generoso en todo lo que hacemos.

Examinando la vida y los hábitos de Católicos Dinámicos descubrí una generosidad inmensa. En la primera fase de la investigación, la cual exploró el voluntariado y las contribucions financieras a su parroquia local, se determinó que este 7 por ciento de Católicos es responsable por el 80 por ciento de las horas voluntarias y el 80 por ciento de las contribuciones financieras en una parroquia católica. Estos números tan sólo demuestran que los católicos muy comprometidos están comprometidos con la generosidad. Pero lo que realmente captó mi atención fue la variedad de maneras en que se manifestaba su generosidad en la vida diaria. La generosidad es un sello característico de los Católicos Dinámicos. Su generosidad en las maneras tradicionales era de esperarse. Son generosos con su tiempo, con su talento , con su dinero y sus posesiones, pero su generosidad va más allá de esas áreas comunmente definidas. Fue el ámbito de su generosidad lo que me inspiró en particular. Lo que descubrí no fue tan sólo un espíritu de generosidad, sino una espiritualidad de generosidad que llegaba hasta lo más profundo de cada rincón de su vida.

Ser generosos no es algo que ellos hacen; es una parte de quiénes son. La generosidad es uno de los puntos claves de su sistema de valores, y con frecuencia piensan en términos de cómo pueden hacer el mayor bien con lo que tienen a su disposición.

Cuando hablé con sus familiares y amigos, descubrí la verdadera profundidad y amplitud de su generosidad. Aquí oí historias que nadie diría jamás sobre sí mismo.

Los que forman el 7% son amantes, padres y abuelos generosos. Sus vecinos y colegas en el trabajo los reconocen frecuentemente entre las personas más generosas que conocen. Son generosos con su alabanza y su aprecio. Son especialmente generosos en alentar. Constantemente están alentando a las personas que los rodean. El ámbito de su generosidad alcanza todos los aspectos de la vida.

Recuerdo una entrevista con una mujer que su pastor había identificado como parte del 7%. La entrevista tuvo lugar en el comedor de su lugar de trabajo y, durante el tiempo que estuvimos juntos, entró uno de sus colegas. Yo le hice un par de preguntas. Una cosa que dijo ofreció una gran información: "Ella siempre está buscando oportunidades para ser generosa". La mayoría de nosotros es pasivamente generosa hasta un punto. Los Católicos Dinámicos son pro-activamente generosos. No esperan a que se les pida. Están buscando oportunidades para ser generosos.

Esta amplia generosidad hace que las personas cercanas a ellos los quieran mucho, así como las personas que los conocen un poco solamente. También los hace un faro del amor de Dios en su comunidad.

Pregúntenles cuál es la fuente de esta gran generosidad y casi siempre mencionan cuán bendecidos se consideran y cómo ellos han recibido una increíble generosidad durante su vida. Ellos son sorprendentemente agradecidos, y tan sólo hablando con ellos se hizo aparente que su gratitud y su generosidad estaban inseparablemente conectadas.

Para mí, las dos formas de generosidad que sobresalieron, quizás porque son tan poco comunes en nuestro mundo hoy día, fueron el servicio y la virtud. En varias ocasiones en que la persona siendo entrevistada estaba en un papel de servicio al cliente profesionalmente, el enfoque que describió fue muy contrario a la cultura.

Un servicio al cliente fabuloso frecuentemente parece como una reliquia del pasado, hasta que conocen a Jessica, una madre de tres, de cuarenta y dos años de edad, que trabaja en un centro de llamadas para una compañía de teléfonos celulares. "La gente sólo llama a mi departamento cuando hay un problema, así que ya están frustradas. No importa cuán negativas e iracundas son, yo simplemente lo dejo pasar. Yo estoy allí para ayudarlos a resolver su problema, y si puedo hacerlo, sé que puedo hacer que su día vaya un poco más tranquilo. Es mi trabajo y me pagan por él, pero también lo veo como una parte de mi misión".

Cuántas personas que trabajan en el servicio al cliente lo ven como una parte de su misión de alegrar el día de las personas ofreciendo un servicio de primera clase? Los Católicos Dinámicos hacen la conexión entre todo lo que hacen y su vida de fe.

La otra forma de generosidad que me llevó más allá de cómo lo pensé antes fue en el área de la virtud. Conozcan a Pedro, un padre de treinta y nueve años de edad, y un ejecutivo de la compañía Fortune (Fortuna) 500. "Trabajo duro y mucho. Lo hago porque me gusta y para darle a mi familia una buena vida. Pero hace unos años me di cuenta de que estaba perdiendo la paciencia con mis hijos más frecuentemente. Unas semanas después era Nocebuena y acababa de armar unas bicicletas nuevas para mis dos hijos mayores. Miré a todos los regalos debajo del árbol de Navidad, y cientos de pensamientos empezaron a pasarme por la mente. De niño, yo nunca tuve una Navidad como mis hijos estaban a punto de tener. Ellos no se dan cuenta cuán difícil mucho niños la tienen. Espero que no estemos malcriándolos. Mas entonces empecé a pensar qué poca paciencia había tenido últimamente. Me pregunté si mi paciencia fuera todo lo que podía poner debajo del árbol ¿cómo luciría nuestro árbol de Navidad esta noche? Fue un momento decisivo en mi paternidad y para mi vida. Llegué a darme cuenta de que es muy fácil ser generoso con cosas comparado a ser generoso con la virtud".

Es aquí que tropezamos con la fuente de nuestra virtud: Dios y nuestra relación con El. Se dice que Dios nunca será superado en generosidad. Jesús habla de un rendimiento centuplicado en este mundo y vida eterna en el otro (Marcos 10:31). ¿Cuán generosos son ustedes con Dios?

Supongo que es difícil ser generoso con alguien que lo tiene todo y no necesita nada. Y sin embargo, como cualquier padre amoroso, Dios ansía estar con Sus hijos. Dios ansía estar con nosotros. Se deleita pasando tiempo con nosotros (Proverbios 8:31). Una manera en que podemos ser generosos con Dios es pasando tiempo con El. No sólo sobras, las sobras de nuestro día, sino dedicando un tiempo específico cada día para orar es una manera de ser generosos con Dios.

Honrando el Domingo es otra manera de ser generosos con Dios. El autor de Malaquías presenta esta pregunta: "¿Puede acaso un hombre engañar a Dios?"(Malaquías 3:8) Pero nosotros lo hacemos, no es verdad? El Domingo le pertenece al Señor, y yo sé por mi propia experiencia cuán fácil es preocuparse por las cosas del mundo el Domingo. Honrar el Domingo requiere una verdadera intencionalidad.

Pero la manera más difícil de ser generosos con Dios es rindiéndonos a su voluntad para nuestra vida. "Que se haga Tu voluntad así en la Tierra". Eso significa en nuestra vida diaria. "Que se haga Tu voluntad". En todo lo que pensamos, hacemos, y decimos. Rindiéndonos a la voluntad de Dios es el Monte Everest de la espiritualidad y una gran oportunidad para cada uno de nosotros de ser generosos con Dios.

Cada día presenta una serie interminable de oportunidades para compartir el amor de Dios con el prójimo siendo generosos.

¿Cuán Generosos Son Ustedes?

La mayoría de las personas piensa que son generosos, pero si reunen un grupo de personas y les piden por su tiempo, su talento, o su tesoro, algunos serán mucho más generosos que otros. La tentación es decir que los que dan más dinero tienen más dinero o que los que hacen más trabajo voluntario tienen más tiempo. Pero esto no es verdad. Con mucha frecuencia las personas más ocupadas son más generosas trabajando como voluntarias. Frecuentemente me asombran las personas que se ofrecen como voluntarias para organizar eventos para Católicos Dinámicos en su ciudad. Toma tanto tiempo organizar un gran evento. De modo que cuando conozco a estos voluntarios y aprendo sobre su vida, pienso, "¿Cómo es posible que encontraran tiempo para organizar tan gran evento?" La respuesta es que no encontraron el tiempo – ¡hicieron el tiempo! El dicho "Si quieren que se haga algo, pídanselo a una persona ocupada" parece ser verdad. Igualmente, hay numerosos estudios que muestran que las personas con entradas relativamente modestas (y no riqueza virtualmente) con frecuencia son mucho más generosas que aquéllas que tienen mucho más. Ellas hacen de dar una prioridad. Algunas personas son simplemente más generosas que otras.

Somos llamados a vivir una vida generosa, y crecer en el área de la generosidad es una de las maneras más seguras de crecer espiritualmente. Pero para aumentar nuestra generosidad, primero necesitamos tener un sentido de dónde estamos hoy.

¿Cuán generosos son ustedes? Dense una puntuación de generosidad entre el uno y el diez, el uno siendo la persona más mezquina y tacaña que puedan imaginar (piensen en Scrooge de *A Christmas Carol / Un Villancico de Navidad de Dickens*) y diez la persona más generosa que jamás hayan conocido. Encierren su puntuación en un círculo en la página.

1 • 2 • 3 • 4 • 5 • 6 • 7 • 8 • 9 • 10

Ahora dividámola en las tres áreas de la administración de los dones de Dios de la que generalmente hablamos en la iglesia: tiempo, talento, y tesoro.

¿Cuán generosos son con su tiempo?

1 • 2 • 3 • 4 • 5 • 6 • 7 • 8 • 9 • 10

¿Cuán generosos son con su talento?

1 • 2 • 3 • 4 • 5 • 6 • 7 • 8 • 9 • 10

¿Cuán generosos son con su tesoro?

1 • 2 • 3 • 4 • 5 • 6 • 7 • 8 • 9 • 10

Ahora consideremos algunas otras áreas de su vida.

¿Cuán generosos son en su matrimonio o en su relación principal si no son casados)?

1 • 2 • 3 • 4 • 5 • 6 • 7 • 8 • 9 • 10

¿Cuán generosos son con su paciencia?

1 • 2 • 3 • 4 • 5 • 6 • 7 • 8 • 9 • 10

¿Cuán generosos son con Dios?

1 • 2 • 3 • 4 • 5 • 6 • 7 • 8 • 9 • 10

Este simple ejercicio nos ayuda a darnos cuenta de dónde estamos en el espectro de la generosidad. Quizás este momento de introspección nos lleve a la conclusión de que no somos tan generosos como pensábamos que éramos. Por otra parte, puede llevarnos a darnos cuenta de que aunque hemos sido muy generosos en el pasado, tenemos grandes oportunidades para ser aún más generosos en el futuro. Cualesquiera que sean las conclusiones a las que el ejercicio nos lleve, una de las lecciones claves aquí es que es importante medir las cosas importantes.

Dándose una puntuación entre el uno y el diez para su generosidad no es científico, pero si son honestos consigo mismos y se dan una puntuación cada mes por un año, se encontrarán volviéndose más generosos. Las medidas crean la conciencia, la conciencia lleva a la intencionalidad, y la intencionalidad motiva la conducta.

Si quieren cambiar algo, empiecen a medirlo. Si quieren perder de peso, pésense todos los días al empezar la mañana. Escriban su peso cada mañana. Parece algo insignificante, pero hará que se vuelvan más conscientes de los alimentos y de las actividades que causan que ganen o pierdan peso. La medición nos hace vivir más intencionadamente.

Hace un par de años, recibí un correo electrónico de un sacerdote. Mencionaba que muchos de sus feligreses no hacía tiempo, ni siquiera unos minutos cada día para orar, y me preguntaba si tenía algunas sugerencias. Hice que alguien de mi equipo diseñera una tarjeta sencilla del tamaño de una tarjeta de visita. En la tarjeta había una lista de los días de la semana con una casilla al lado. La idea era pedirle a las personas que apuntaran exactamente cuántos minutos pasaban orando cada día. En la parte de abajo de la tarjeta había una casilla para anotar el número total de minutos que pasaron orando esa semana.

Alenté al sacerdote a que distribuyera las tarjetas en la Misa cada Domingo y les pidiera a sus feligreses que apuntaran cuántos minutos habían pasado orando cada día. Entonces se les pidió que la semana siguiente depositaran las tarjetas en la cesta de la colecta junto con su ofrenda. Después de seis semanas el sacerdote me envió un correo electrónico y me preguntó qué podría hacer para alentar a sus feligreses a orar más. Era justo antes de la Cuaresma, de modo que sugerí que señalara una meta para la parroquia, sumando los minutos que la parroquia pasó orando las seis semanas anteriores, calculara un promedio semanal, y entonces estableciera una meta de un 50 por ciento más.

El Domingo antes de la Cuaresma, el sacerdote dio una homilía sobre cuántos minutos hay en una semana. "En una semana hay 10,080 minutos", comenzó diciendo, y entonces pasó a hablar sobre cuán pocos de estos minutos pasamos orando antes de retar a las personas a comprometerse juntas, como parroquia a orar más durante la Cuaresma. Finalmente reveló su meta y anunció que las tarjetas se distribuirían al final de la Misa.

Cada semana durante la Cuaresma publicó la meta en el boletín, así como el resultado de la semana anterior. En efecto, el número de minutos pasados en oración aumentó cada semana y sobrepasó la meta mucho más.

Si no lo puede medir, no puede cambiarlo. La medición es esencial para el crecimiento personal, e integral para el crecimiento de la parroquia. Por supuesto que hay algunas cosas que son muy difíciles de medir – por ejemplo, cuán generosos son con su paciencia o su perdón. Hay otras cosas que son muy fáciles de medir, como cuán generosos son con su dinero. Pero hay algo que une dé todo esto. No es probable que quienes no están dispuestos a ser generosos con su paciencia o su perdón sean generosos con su dinero. Igualmente, si no somos generosos con nuestro prójimo, no es probable que seamos generosos con Dios. Puede que haya muchas maneras de expresar nuestra generosidad, pero todas están interconectadas y fluyen de un corazón.

¿Está Dios llamándolos a vivir más generosamente? Nunca he hecho esta pregunta y oído no como respuesta. Cada vez que considero esta pregunta, Dios me reta a un nivel mayor de generosidad – no porque El quiere que dé todo mi tiempo, talento y tesoro a los demás, sino porque quiere que viva una vida libre y feliz. Las personas más felices que conozco son las personas más generosas que conozco, y parecen estar libres de las cosas de este mundo de una manera que es de admirarse. Cada vez que pienso sobre cómo Dios me está retando a vivir una vida más generosa, pienso en el dinero que gasto en cosas frívolas que en realidad no necesito y en el tiempo que desperdicio perezosamente. Todo esto me lleva a darme cuanta de que Dios no me está llamado a desprenderme de algo que es esencial para mi bienestar o para el bienestar de mi familia; El sólo está pidiéndome que dispense una porción de mi exceso generosamente.

Pero aún me resisto. ¿Se resisten ustedes a la generosidad que Dios los está llamando? Es una de las partes desconcertantes de la jornada espiritual. A cada paso Dios nos guía hacia una vida mejor que aquélla en que estábamos, llena de más alegría, de más libertad, y de más felicidad – y todavía nos resistimos a cada uno de Sus próximos pasos. De modo que ¿qué les impide ser más generosos? ¿Es algo real o imaginado?

¿Qué les impide ser más generosos con su tiempo? ¿Qué les impide ser más generosos con su talento? ¿Qué les impide ser más generosos con su tesoro?

Hagan una pausa por un momento y realmente consideren estas tres preguntas.

Mi experiencia ha sido que cuando nos sentamos y realmente pensamos un poco en estas preguntas, casi todo el mundo aspira a niveles mayores de generosidad. El problema es que la vida se mete en el camino. Las demandas de nuestro tiempo, de nuestro talento, y de nuestro tesoro son enormes. Alimentar relaciones requiere una cantidad ilimitada de tiempo. Necesidades económicas y dilemas inesperados parecen estar surgiendo siempre. No es que las gente no quiera crecer en su generosidad; simplemente, es que la vida parece estar halándonos en muchas direcciones todo el tiempo.

Si hemos de crecer en generosidad, es necesario que sea un esfuerzo intencionado. La vida es tan ocupada y distrae tanto. No vamos simplemente a tropezar con una generosidad mayor. Se nos hala en tantas direcciones diastintas que, a menos que hagamos una prioridad de una generosidad mayor, no pasará.

De muchas maneras, la generosidad es la prueba externa de que el Evangelio ha echado raices en nuestro corazón. Es mentira decir que amamos a Dios si no amamos a nuestro prójimo, y la generosidad está en el mismo centro de ese amor al prójimo. Un cristiano que no es generoso no es cristiano en lo absoluto. El Evangelio nos reta de maneras que son difíciles pero profundas. Una y otra vez somos llamados a desprendernos de algo, pero sólo para que podamos convertirnos más perfectamente en quien Dios nos creó para que fuéramos. Es justamente una de las maneras en que el cristianismo nos invita a una paradoja. Es dando que recibimos, y aún más, es dando que nos convertimos.

Dinero – Un Punto de Partida

¿Cómo se sintieron cuando leyeron el encabezamiento de esta sección? ¿Cuál fue su respuesta emotiva a estas cuatro palabras? Tendemos a tener fuertes reacciones emotivas al dinero y al hablar del dinero. Tanto de nuestras esperanzas, de nuestros temores, de nuestra seguridad, y de nuestra identidad puede ser afectado por el dinero, y así, tendemos a estar muy alertas alrededor del sujeto. También existe una poderosa conexión entre el dinero y la espiritualidad. Cuando se trata de la generosidad, el dinero es un punto de partida o un escollo.

Tengo que admitir que lo que más me sorprendió acerca de la investigación sobre el tercer signo fue cuánto de las conversaciones se enfocó en el dinero y no de las maneras que había esperado en lo absoluto. Pero durante las entrevistas con el 7%, la razón se hizo clara. En Filadelfia, estaba sentado a la mesa de la cocina con una pareja, Jim y Phyllis. Habíamos estado hablando sobre la generosidad por algún tiempo, y entonces Jim dijo algo que me paró en seco: "Hay una razón por la que Jesús habló más sobre el dinero que sobre algún otro tema". Mi mente empezó a correr, tratando de verificar este punto. ¿Habló Jesús más sobre el dinero que sobre alguna otra cosa? En realidad, nunca había pensado en eso.

"¿Por qué piensas que es eso, Jim?" Finalmene pude preguntar. "No puedo estar seguro", comenzó Jim. "No soy un erudito de las Escrituras; pero, por my propia experiencia, parece que el dinero tiene formas de apoderarse de nosotros, y de ahí que pueda controlarnos de maneras tan sutiles, que con frecuencia ni siquiera nos damos cuenta en el momento",.

Phyllis añadió, "El dinero es una de esas cosas que pueden convertirse en un gran obstáculo para el crecimiento espiritual".

Fue uno de los mucho momentos impactantes que experimenté en el transcurso de las entrevistas. Ahora decidí jugar a ser un poco el defensor del diablo. "Pero hay muchas maneras de ser generoso además de con dinero, ¿cierto?" pregunté.

"Absolutamente", afirmó Jim. "pero si no eres generoso con tu dinero, no serás generoso con tu corazón. De esta manera, es increíble cuán poderosamente nuestra actitud con el dinero puede afectar nuestras relaciones con nuestra familia y con nuestros amigos – y, por supuesto, nuestra relación con Dios. Sí, hay muchas maneras de ser generoso, pero ninguna nos releva de nuestra necesidad y de nuestra responsabilidad de dar económicamente".

Una de las quejas más comunes sobre la Iglesia es que hablamos demasiado sobre el dinero. No obstante, estoy absolutamente convencido ahora de que no hablamos lo suficiente sobre el dinero. El dinero es tan importante para el desarrollo espiritual que necesitamos hablar sobre él mucho más de lo que lo hacemos. La cuestión importante aquí es que tendemos a hablar sobre el dinero solamene cuando estamos pidiéndole a la gente que dé. Es nuestro tratamiento parcial del tema lo que le molesta a las personas. Necesitamos empezar a hablar de todo lo concerniente con el dinero: dar, ganar, ahorrar, y gastar. Si realmente queremos ayudar a las personas a crecer espiritualmente, es esencial que las ayudemos a desarrollar una relación saludable con el dinero. De hecho, hasta que ayudemos a las personas a desarrollar un enfoque holístico del dinero en su vida, nunca las liberaremos de verdad para dar generosamente de la manera en que Dios nos invita a hacerlo.

Este es un ejemplo perfecto de cómo encontrar a las personas donde están y guiarlas hacia donde Dios está llamándolas a estar. El dinero es parte de la vida diaria de todos; tiene una manera de extender sus tentáculos dentro de lo profundo de toda relación. Promover una espiritualidad del dinero en las personas es algo crítico en el mundo de hoy.

Por supuesto, la investigación encontró a ese 6.8% de católicos americanos que hace el 80% de las contribuciones financieras a la vida parroquial. Mas ese es el efecto. La causa es que los católicos muy comprometidos tienden a tener una vida espiritual vibrante, una profunda relación con Dios, y un enfoque espiritual del dinero. Esta espiritualidad del dinero surge de una filosofía del dinero más amplia. Las personas que son generosas con su dinero tienden a haber pensado detenidamente en los asuntos financieros de su vida. Tomás de Aquino escribió, "La gracia le agrega a la naturaleza". En el área del dinero todos tenemos un ejemplo viviente que respira de esta verdad. La gracia de dar surge del trabajo muy práctico de formular un presupuesto y darnos cuenta de que podemos ganar (o tener) suficiente para ser generosos con el prójimo. Con demasiada frecuencia hablamos con las personas sobre dar más dinero, pero no las ayudamos a desarrollar una espiritualidad del dinero y una filosofía del dinero día a día. En estas circunstancias, cuando la gente da, muy freceuntemente da por razones equivocadas, lo cual, en realidad, no es muy saludable para una persona y puede detener el desarrollo espiritual fácilmente. Cuando las personas dicen que la Iglesia siempre habla de dinero solamente, con frecuencia hay un clamor más profundo escondido ahí. Tal vez es por esto que Jesús habló tanto sobre el dinero, porque se dio cuenta de que en nuestro desarrollo espiritual el dinero es una oportunidad para crecimiento o un obstáculo para él.

Los católicos no se volverán más generosos tan sólo porque les pidamos que den más y con más frecuencia. Se volverán más generosos cuando los ayudemos a entender la espiritualidad del dinero y a personalizarlo para su propia vida y sus propias circunstancias. Si ayudamos a los católicos a desarrollar una espiritualidad práctica alrededor del dinero, se volverán las personas más generosas del mundo.

El Reto de la Generosidad

Hace muchos años, un Domingo por la tarde, en un retiro, mi mundo entero se conmocionó. El sacerdote que dirigía el retiro dio una charla describiendo su propia experiencia al llegar a una nueva parroquia que estaba en un estado de penuria. El temió ir a la parroquia desde el momento en que fue asignado, y cuando llegó se volvió cada vez más ansioso debido a la situación económica.

Un día llamó a otro sacerdote que había sido su amigo por mucho tiempo, porque simplemente necesitaba hablar con alguien sobre la situación. Esperaba que su amigo lo consolaría y lo alentaría; pero, en cambio, lo retó a introducir el diezmo en el presupuesto de la parroquia. "Como están las cosas, no puedo pagar las cuentas, y ¿quieres que dé el diez por ciento?" dijo el sacerdote a su amigo. "Estás loco". El otro sacerdote le dijo. "Parece que tú confías más en tu dinero que en Dios". Esto hirió al sacerdote profundamente, y durante las próximas semanas luchó con la idea. Un día fue a la iglesia a la hora de almuerzo y simplemente se sentó frente al tabernáculo por largo tiempo. Finalmente, decidió que guiaría a la parroquia a convertirse en una parroquia que practicara dar el diezmo.

Un Lunes, después de haberse contado la colecta del Domingo, fue al banco, abrió una cuenta nueva, y depositó el 10% de la colecta en esa cuenta. Hace ahora veinte años que todos los meses ha distribuido el 10% de las entradas de la parroquia a varias caridades, varios ministerios y a los necesitados. Poco a poco, los miembros de la parroquia también se unieron a la idea del diezmo. Hoy día esa parroquia es una comunidad espiritual vibrante, con excelentes instalaciones y programas fantásticos. Mantiene muchos ministerios localmente y más allá, y tiene un par de millones de dólares en el banco.

El sacerdote terminó su charla retándonos a considerar el diezmo en nuestra vida. Yo tenía treinta años, había sido católico toda mi vida, y nadie jamás me había pedido que considerara dar el diezmo. Al escuchar su charla ese día, me declaré culpable. Por supuesto que me consideraba una persona generosa, pero su charla me retó a examinar mi ofrenda financiera . Y lo que descubrí fue que no era particularmente generoso con el dinero.

A la semana siguiente, me senté y calculé qué por ciento de mi entrada anual le había dado a mi parroquia y a otras caridades en los últimos tres años. El número era alrededor de un 2%. Entre los católicos, mi generosidad era mejor que el promedio, pero nada especial. Estadísticamente, comparado con la población en general, yo no era generoso en lo absoluto.

Pero – y todos tenemos mchos peros en el área del dinero – el reto a dar el diezmo parecía demasiado. En ese momento, mis compromisos financieros hacían que pareciera imposible. Leí bastante sobre el tema y muchos dirían que tenía que dar un salto de fe y simplemente dar el 10%. Bien o mal, yo no era capaz de dar ese salto de fe.

Oré sobre eso por unas cuantas semanas, y seguía recordando la inspiración original que había encontrado en la charla que había dado el sacerdote en el retiro. Finalmente, llegué a una resolución. Aumentaría mi ofrenda en un 1% de mi entrada cada año hasta llegar al 10%. Puse este plan ante Dios en oración y me sentí en paz.

Con el correr del tiempo resultó que algunos años podía aumentar mi donación más de un 1%. Cuando llegué al 10%, mi esposa y yo hablamos sobre cuán bendecidos habíamos sido y decidimos que seguiríamos aumentando nuestra donación un 1% cada año hasta que no fuera posible hacerlo. Esto no es posible para la mayoría de las personas. Estoy consciente de que he sido bendecido más que la mayoría en el área financiera. El punto es que cada uno de nosotros tiene que considerar en oración que Dios nos está llamando a fijarnos metas en esta área en consecuencia. Recientemente, leí sobre un hombe de negocios muy exitoso que se había comprometido con un diezmo a la inversa – es decir, cada año viviría con el 10% de su entrada y donaría el 90% a su iglesia y a otras caridades.

El camino que yo he tomado para volverme más generoso con el dinero no es el único camino, pero me ha funcionado y me ha permitido crecer en generosidad en muchas áreas distintas. Volviéndome más generoso con el dinero, me he vuelto más generoso con mis relaciones y en todo aspecto de mi vida. Todo esto es el resultado de que un sacerdote tuviera el valor de retarme a volver a pensar en la generosidad financiera.

¿Cuánto deben dar ustedes? No lo sé. Solamente ustedes pueden responder esa pregunta. Yo sé que dar el diezmo está profundamente enraizado en el Antiguo Testamento. Lo que prescribe el Nuevo Testamento es mucho más difícil. Aquí se nos alienta a dar de acuerdo con lo que tenemos; mientras más tenemos, más debemos de dar . . . y casi todos nosotros tenemos mucho más que la gente del Antiguo Testamento.

La investigación llevada a cabo por el Instituto de Católicos Dinámicos (Dynamic Catholic Institute) reveló que solamente el

1.9% de los católicos americanos da el diezmo. La investigación llevada a cabo por el Grupo Barna (Barna Group) muestra que el 5% de los americanos da el diezmo, Los Evangélicos Protestantes son cutaro veces más propensos a dar el diezmo que los católicos; el 8% de su población da el diezmo. En el 2007, los cristianos en los Estados Unidos dieron $1,326 promedio a su iglesia y/o a otras caridades. Cuando divididos en sub-grupos, los católicos dieron un promedio de $984. No cristianos dieron $905, mientras que los ateos y los agnósticos dieron $467.

Yo no sé cuánto deben dar ustedes, pero aquí hay algunas cosas a considerar. ¿Cuánto es suficiente? Nunca he conocido a alguien que tenga justo lo suficiente. No parece importar cuánto dinero tenemos, siempre tendemos a pensar que necesitamos más. ¿Cuánto tendrían que dar para sentirlo? Tendemos a dar una fracción de lo que nos sobra. La verdad es que, para empezar, realmente nunca lo necesitamos. El dar sacrificado va más allá, a un lugar donde nuestro dar realmente requiere que nos privemos de algo. ¿Cuánto tienen? La mayoría de nosotros tenemos suficiente para ser generosos. ¿Qué quiere Dios que hagan con su dinero? Muchos de nosotros pasamos muy poco tiempo pensando en esta pregunta, lo cual muestra que no tomamos nuestro papel de administradores de los dones de Dios seriamente.

De modo que este es el reto que les presento a ustedes. Yo lo llamo el reto de la Generosidad. La próxima semana o las próximas dos semanas hagan tiempo y calculen qué porcentaje de su entrada anual utilizaron para dar a su iglesia, a caridades, y a personas necesitadas el año pasado.

Una vez que tengan esa cifra, los reto a dar este año un uno por ciento más de su entrada del que dieron el año pasado. Aún más, los reto a aumentar este porcentaje de donaciones en un uno por ciento de su entrada cada año hasta que lleguen al 10% (o hasta que simplemente no sea posible o prudente para ustedes dar más). Las metas ponen de manifiesto lo mejor de nosotros. Tenemos metas para todo lo demás; ¿no es tiempo de que tengamos algunas metas de generosidad? Se asombrarán cómo este enfoque proactivo del donar los cambia. Ahora, en lugar de esperar a que les pidan que den, estarán buscando oportunidades para dar.

Así como con cada uno de los cuatro signos, descubriremos que el concepto clave del mejoramiento continuo puede ser desplegado muy poderosamente cuando se trata de la generosidad financiera.

Pero más allá de dar, en este capítulo puede que haya un llamado mayor a mirar al total de sus finanzas personales y volver a evaluar su relación con el dinero. ¡Quizás sea el momento para que tengan un presupuesto! Tal vez hay algún otro asunto monetario práctico que necesita su atención para ser un buen administrador. No simplemente tropezamos con una vida de generosidad financiera. Requiere intencionalidad. Sin un plan intencionado acerca del dinero y de dar, es demasiado fácil que el dinero nos domine.

Hemos cubierto mucho en esta sección y en este capítulo. Lo que es crítico es que no se abrumen. Divídanlo en pedazos manejables para que puedan decir, "¡Yo puedo hacer eso!"

Las Personas Más Generosas Que Conocen

¿Quiénes son las personas más generosas que ustedes conocen? Háganle esta pregunta a alguien y lo más probable es que escuchen alguna historia inspiradora. Cuando reflexiono sobre esta pregunta, hay dos grupos de personas que vienen a mi mente inmediatamente, que han tenido un impacto en mi trabajo en los últimos veinte años. Cada año estoy más agradecido por estas personas, sin cuya generosidad nunca hubiera podido llegar a tantas personas como he llegado.

Los primeros son los organizadores de eventos. Cuando llego a un evento, estoy intensamente consciente de que la planificación para ese evento comenzó unos doce meses antes. Por casi un año, este grupo de voluntarios dedicados ha estado trabajando incansablemente para hacer que este evento sea un éxito. Cuando encuentro a las personas en el comité organizador, con frecuencia me pregunto, "¿Cómo tuvieron tiempo para organizar este evento?" Como la mayoría de las personas hoy día, tienen una vida muy ocupada, llena de muchos compromisos y de muchas responsabilidades. Su generosidad es inspiradora.

El otro grupo que viene a la mente inmediatamente cuando pienso en las personas más generosas que conozco es el Club de Embajadores (The Ambassadors' Club). Este es el grupo de personas más inspiradoras que conozco Estos son los fieles miembros que manejan casi todo lo que hacemos en el Instituto de Católicos Dinámicos. Cada embajador se compromete a hacer una donación mensual para apoyar nuestro trabajo. La semana pasada, en un evento, un hombre me dijo que había decidido privarse del cable de televisión y, en cambio, darnos el dinero. El explicó que al principio fue la cosa más difícil que había hecho jamás, pero ahora, un año más tarde, es lo mejor que jamás ha hecho. Siguió explicando cómo había cambiado su vida: "Mi matrimonio está mejor de lo que ha sido jamás. Soy mucho mejor padre. En realidad estoy creciendo espiritualmente por primera vez en mi vida. Es asombroso – tan sólo porque estoy viendo menos televisión".

Dondequiera que me vuelvo hay generosidad. La generosidad diaria de los padres y los sacrificios que hacen por sus hijos; la increíble generosidad de nuestros sacerdotes, hombres que dan su vida para servir al pueblo de Dios y guiarlo espiritualmente; la valiente generosidad de los que sirven en las Fuerzas Armadas; el constante esfuerzo de la humanidad para aliviar el sufrimiento de los pobres y los marginados. Y todavía es tan fácil para nosotros enfocarnos en nosotros mismos egoistamente. Pero con cada día que pasa, Dios está invitándonos amablemente a vivir más generosamente, llamándonos a cambiar el enfoque fuera de nosotros y enfocarnos en el prójimo.

"Es mejor dar que recibir". (Hechos 20:35) Mientras más conscientes estemos de cuánto hemos recibido, estaremos más inclinados a buscar oportunidades para dar. Dios es el supremo dador, y siempre que damos crecemos a imagen de Dios, nos volvemos una versión mejor de nosotros mismos, y vivimos una vida santa.

"Que nuestro amor por Ti se exprese en nuestro entusiasmo por hacerle el bien al prójimo". Esta es la oración de apertura para la Misa de la semana vigésimo octava en Tiempo Ordinario. Noten las palabras. No somos llamados a dar de mala gana. Ni siquiera es una disposición para hacer el bien a lo que Dios nos llama. Muy por encima de esto, cuando estamos en nuestro mejor momento como seres humanos, estamos llenos de entusiasmo por hacer el bien, de entusiasmo por dar generosamente, y de entusiasmo por ayudar a nuestros hermanos sin tener en cuenta qué océano o idea nos separa.

Que Dios nos bendiga a todos con un entusiasmo por vivir generosamente.

RESUMEN DEL CAPITULO

GENEROSIDAD

- Las personas más felices que conozco también son las personas más generosas que conozco.

- Dios es generoso, y la generosidad está en el centro de la vida cristiana.

- La generosidad comienza con la gratitud.

- Los Católicos Dinámicos viven en un estado de gratitud. Tienen un sentido sobrecogedor de que su vida ha sido bendecida.

- El mundo nos lleva a una conversación sobre todo lo que no tenemos, pero Dios nos invita a una conversación sobre todo lo que tenemos. Estamos en nuestra mejor condición cuando somos agradecidos.

- Cuando hablamos sobre la generosidad en la iglesia usualmente lo hacemos en el contexto de la administración de los dones de Dios, y hablamos sobre tres categorías: tiempo, talento, y tesoro. La administración es el manejo cuidadoso y responsable de algo que ha sido confiado a nuestro cuidado. Como cristianos, se nos enseña que nuestro tiempo, nuestro talento, y nuestro tesoro nos han sido prestados – y que un día tendremos que rendir cuenta de la manera en que los administramos.

- No dejen que lo que no pueden hacer interfiera con lo que pueden hacer.

- La generosidad es una característica de los Católicos Dinámicos. Ellos son generosos con su tiempo, su talento, su dinero y sus posesiones, pero su generosidad va más allá de estas áreas comunmente definidas. Ellos no sólo tienen un espíritu de generosidad, sino una espiritualidad de generosidad que llega profundamente a todos los rincones de su vida. La generosidad es fundamental para su sistema de valores, y con frecuencia piensan en términos de cómo pueden hacer el mayor bien con lo que tienen a su disposición.

- Los que se encuentran en el 7% son amantes, padres, y abuelos generosos. Sus vecinos y colegas en el trabajo con frecuencia reconocen que están entre las personas más generosas que conocen. Son generosos con sus alabanzas y su aprecio. Son especialmente generosos dando aliento. Constantemente están alentando a las personas que los rodean. El ámbito de su generosidad llega a todo aspecto de la vida.

- Establezcan metas para sus donaciones. Este año den un uno por ciento más de lo que dieron el año pasado a su iglesia y a sus caridades favoritas. Aumenten este porcentaje de donaciones un uno por ciento de sus entradas cada año hasta llegar al 10 por ciento (o hasta que simplemente no sea posible o prudente para ustedes dar más). Las metas ponen de manifiesto lo mejor de uno. Tenemos metas para todo lo demás; ¿no es hora de que tengamos metas para la generosidad?

- El tercer signo de un Católico Dinámico es la Generosidad.

CONCEPTOS CLAVES:

Generosidad; Administración de los Dones de Dios; Divina Providencia; Diezmo; Dinero; El Reto de la Generosidad; Metas de Donación

EL CUARTO SIGNO

EVANGELIZACION

Capítulo Cinco

CAMBIANDO EL MUNDO

IMAGINEN POR UN MOMENTO que por algún misterioso poder fueran capaces de cambiar el mundo. ¿Qué cambiarían? ¿Cómo lo cambarían? Los super héroes usan su poder para ser más listos que los malos. Cuando los compositores de canciones se asignan el poder de cambiar el mundo, con frecuencia lo usan para ganar el amor de la persona que desean. Deshaciéndose de los malos está bien y es noble, como lo es el amor; pero, con seguridad, si pudiéramos cambiar el mundo deberíamos usar ese poder para hacer el mayor impacto posible.

¿Cómo cambiarían el mundo? Quizás erradicarían la pobreza, la enfermedad, y la ignorancia, o pondrían fin a la guerra, al hambre, y a toda la violencia y la destrucción inútiles que nos inflingimos mutuamente. Mas cambiar el mundo es un trabajo que hay que realizar de adentro hacia afuera. Cuando contemplamos cambiar el mundo, con demasiada frecuencia miramos afuera de nosotros. Cuando Dios contempla cambiar el mundo, El mira a lo profundo de nuestro interior, yendo derecho al corazón del asunto: la conducta humana. El mundo está como está hoy día debido a la conducta humana. El mundo está cambiando constantemente para bien o para mal. La manera en que vivimos nuestra vida hoy la hace mejor o peor mañana. Hay siete mil millones de personas en el planeta. Si su vida fuera multiplicada por siete mil millones, ¿cómo sería el mundo?

Para el prólogo, usé una historia que he estado contando desde que empecé a hablar: Si hacen que el hombre esté bien (y la mujer, por su puesto) hacen que el mundo esté bien. El mundo solamente cambia para bien cuando los hombres y las mujeres crecen en virtud y carácter. Menos virtud nunca puede llevar a un mundo mejor. Menos carácter nunca llevará a un mundo mejor. Nuestra vida sólo mejora realmente cuando hoy nos volvemos mejores personas que lo que éramos ayer; el destino del mundo está envuelto en esta búsqueda profundamente personal.

En el libro del Exodo leemos la historia de Moisés guiando al pueblo a salir de la esclavitud hacia la tierra prometida. Dios quiere hacer lo mismo con todos y cada uno de nosotros. El quiere guiarnos fuera de la esclavitud, sea lo que sea para ustedes y para mí, y dirigirnos hacia la tierra prometida de una vida llena de pasión y propósito. Pero en el camino, a pesar de las cosas increíbles que el Señor había hecho por los israelitas, ellos se alejaron de Dios, se volvieron descontentos y llenos de derechos, y empezaron a discutir entre ellos y a dividirse como comunidad.

¿Qué hizo Dios? Les ofreció un nuevo comienzo, justo como nos lo ofrece a nosotros hoy. Pero ese nuevo comienzo no estaba basado en ideas o filosofías. Estaba basado en una nueva manera de vivir. Dios los invitó a cambiar la forma en que se comportaban. Esencialmente, dijo, Vivan según estos Diez Mandamientos que pongo ante ustedes hoy y tendrán una vida rica en amistad conmigo . . . y el mundo será un lugar mejor para todos. Es asombroso cuán eternos son esos Mandamientos.

1. Amarás al Señor tu Dios y lo servirás a El solamente.
2. No pronunciarás el Nombre del Señor tu Dios en vano.
3. Santificarás el Día de Reposo.
4. Honrarás a tu padre y a tu madre.
5. No matarás.
6. No cometerás adulterio.
7. No robarás.
8. No darás falsos testimonios.
9. No desearás a la mujer de tu prójimo.
10. No desearás las poscsiones de tu prójimo.

Sé que puede parecer un poco anticuado, pero la sabiduría siempre es anticuada. Permítanme sugerir un pequeño ejercicio. Mañana por la noche miren las noticias con esta lista frente a ustedes. A medida que cada historia sea presentada, usualmente miseria trás miseria, consideren cuáles de estos diez han sido quebrantados. En la gran mayoría de los casos, dondequiera que encuentren injusticia y miseria en este mundo, encontrarán que por lo menos uno de los Diez Mandamientos ha sido quebrantado.

Imaginen toda la miseria que podría evitarse si todos simplemente viviéramos según estos diez tesoros de sabiduria vivificante. Piensen por un momento en todo el sufrimiento que le ha causado a la humanidad no haber estado dispuesta a adoptar un patrón de conducta y una estructura social que celebren la sabiduría de los Diez.

El mundo necesita cambiar, hoy más que nunca. La mayoría de las personas está de acuerdo con que el mundo está un poco desordenado. No conozco a alguien que diría que está en muy buenas condiciones, en el camino correcto, cambiando para mejorar sin lugar a dudas. Mundialmente, los padres parecen estar preocupados acerca del mundo en que sus hijos crecerán. Cuando hablo con abuelos, con frecuencia me dicen que no les gusta pensar en el mundo que sus nietos heredarán porque los llena de ansiedad.

Por supuesto, hemos explorado el espacio e inventado la internet, pero la tercera parte de la población del mundo está hambrienta y la base moral de nuestra sociedad está siendo demolida ante nuestros propios ojos. Tenemos cada vez más de lo que queremos pero cada vez menos de lo que necesitamos.

El mundo es un pequeño desastre, pero abdicamos la responsabilidad por esto de dos maneras: Nos convencemos a nosotros mismos de que el estado del mundo es culpa de otros, y de que es su responsablidad arreglarlo. Estamos equivocados en ambos casos. Aún más triste es el hecho que cada vez más personas creen que el mundo no puede mejorar. La verdad es que todos estamos cambiando el mundo. Cada palabra, cada pensamiento — sí, hasta nuestros pensamientos — y cada acción cambia el mundo de maneras que resuenan en todas partes, tocando a personas y lugares que nunca veremos, en épocas por venir.

La mayoría de las personas está de acuerdo en que el mundo es un pequeño desastre, pero como cristianos rehusamos creer que tiene que ser así. Creemos que algo se puede y se debe hacer sobre eso, y que somos llamados a desempeñar un papel activo en la transformación que tan obviamente se necesita. Somos llamados a estar especialmente conscientes del papel que desempeñamos en cambiar el mundo.

Esto es cierto para los católicos en particular. Nuestra misión como católicos no es simplemente movernos a través del mundo, dejándolo como estaba. Cambiar el mundo es parte de nuestra misión, y a través de la historia hemos hecho eso de muchas maneras. La Iglesia Católica rompió la barrera de clases para la educación. Inventamos el método científico para transformar las ciencias. Siempre hemos estado a la cabeza en el cuidado de los enfermos y de los pobres. En los últimos dos mil años, en casi todas partes y en casi todo tiempo, la Iglesia Católica ha desempeñado un papel impactante en hacer del mundo un lugar mejor. Los católicos podemos cambiar el mundo.

No obstante, es importante recordar apesadumbrados que nuestra influencia no ha sido positiva siempre. Los católicos también hemos afectado el mundo de maneras horribles: la persecución de Galileo, haber quemado en la hoguera a Juana de Arco y a otros, las atrocidades de la Inquisición, la persecución de tantos santos, y el escándalo de abusos sexuales dentro del sacerdocio. Mas aún, ante estas horrendas contribuciones a la historia, es imposible argumentar que la Iglesia Católica no haya sido una fuerza del bien en todo el mundo por dos mil años.

También es importante notar que cuando hemos fallado, siempre ha sido porque no vivimos nuestra fe católica de manera auténtica.

Imaginen por un momento si la Iglesia Católica nunca hubiera existido. ¿Podrían siquiera contar el número de personas que a lo largo de la historia hubiera muerto de hambre, el número de personas que nunca hubiera recibido una educación? ¿Cómo pueden medir la influencia de cada palabra amable de aliento y de cada buena obra que ha sido inspirada por la fe católica? ¿Pueden siquiera imaginar quitar todo esto de la historia humana? Y si pudiéramos, ¿en qué clase de mundo nos encontraríamos hoy?

Hay un número creciente de personas que piensan que el mundo sería un lugar mejor si la Iglesia Católica nunca hubiera existido. Rezo por que ustedes y yo podamos vivir una vida que desacredite este argumento cada vez más con el pasar de los días.

Cambiar el mundo, eso es algo con lo que vale la pena entusiasmarse. Pero ¿cuán frecuentemente entran en la iglesia y piensan, "Es este un grupo de personas enfocadas en cambiar el mundo"? Yo he estado con grupos de personas que estaban tratando de cambiar el mundo de maneras pequeñas y he estado con aquéllos que simplemente estaban tratando de cambiar su negocio o su industria. Puedo decirles que la energía que esos grupos de personas ejercen es muy distinta a la energía que nosotros exudamos como católicos en el momento. Puede que sea una simplificación exagerada, pero la razón de tantos de nuestros problemas e ineficiencias en este momento puede ser que hemos olvidado que hemos sido comisionados para cambiar el mundo.

Esto es parte de nuestra gran misión. Pero parece que hemos perdido de vista eso de tantas maneras, y parece que estamos obsesionados con el mantenimiento y la supervivencia. ¿Misión o mantenimiento? Esta es la pregunta que nuestros tiempos están poniendo a los pies de la Iglesia Católica. Espero de todo corazón que escojamos mobilizarnos alrededor de nuestra gran misión una vez más.

Nada mueve al compromiso como una misión que lo amerite, y ciertamente la tenemos.

Imaginen lo que podríamos lograr si nos mobilizáramos. Hoy hay setenta y siete millones de católicos en los Estados Unidos. Los católicos podríamos determinar cada elección presidencial en este país. Podríamos dirigir el resultado de casi todas las elecciones en cualquier nivel en este país. Los católicos podríamos determinar el éxito o el fracaso de casi cualquier producto o compañía. Podríamos dirigir la legislación, influir en el tipo de películas que se hagan, controlar la naturaleza de la programación de la televisión que se produzca, y poner fin a la pobreza en los Estados Unidos. Si pudiéramos ponernos de acuerdo . . .

Pero en cambio, el último prejuicio social acceptable que queda en los Estados Unidos es ser anticatólico. En nuestra cultura hipersensible, políticamente correcta, que predica la tolerancia como la suprema virtud del siglo veintiuno, todo se tolera desde lo perverso hasta la locura, pero no el catolicismo. La tolerancia se extiende a todos excepto a los cristianos y a sus creencias. Estas son aparentemente intolerables.

Tenemos que despertar. Nos han hecho creer que somos un grupito marginal extravagante. Podemos y debemos ser una fuerza que se tiene en cuenta. ¿Por qué piensan que nos atacan tanto? Los que se oponen a la visión católica del mundo temen cuánta influencia tendríamos si realmente llegáramos a ponernos de acuerdo.

Y aunque es importante que consideremos nuestra influencia mundana, y es algo crítico que actuemos unidos en este respecto, también es crucial que no hagamos de estas cosas un fin en y de sí mismas. La influencia mundana que somos llamados a ejercer puede distraernos tan fácilmente de nuestra misión principal de ayudar a las personas a descubrir a Dios y a caminar con El.

Así que cambiar el mundo temporalmente no es la manera principal en que somos llamados a ejercer nuestra influencia. Uso ejemplos mundanos para demostrar que es posible. Pero tenemos que enfocarnos primera y principalmente en convertirnos en hombres y mujeres de virtud y carácter, y guiar al prójimo a que haga lo mismo. Toda cosa buena que esperamos para el mundo fluirá del surgimiento del carácter y de la virtud en nuestra vida y en la sociedad.

La Mejor Manera de Vivir

¿Cómo es la mejor manera de vivir? Toda gran civilización se ha preocupado por esta pregunta. Es la pregunta fundamental con la que los grandes filósofos de toda época han luchado. Es la pregunta con la que toda cultura, todo país, toda generación, y todo individuo (consciente o inconscientemente) lucha. Es una de las preguntas que están en el corazón de cualquier búsqueda espiritual. Pero quizás todavía más importante, es una pregunta con la que ustedes y yo luchamos de una manera profundamente personal en cada coyuntura de nuestra vida.

El rigor con el que una persona o una cultura confronte esta pregunta es muy elocuente. Es de una importancia alarmante notar que la cultura actual prácticamente no tiene interés en encontrar la respuesta. Hoy estamos más interesados en cómo queremos vivir que en descubrir la mejor manera de vivir, así como estamos mucho más interesados en defender la expresión personal que en desarrollar seres que merezcan expresarse. La preferencia personal ha triunfado sobre la búsqueda de la excelencia. Queremos lo que queremos, y nos sentimos con derecho a ello.

Pero la pregunta permanence: ¿Cómo es la mejor manera de vivir? Aunque tal vez tengamos que considerar otra pregunta para responder plenamente a ésta: ¿Son algunas maneras de vivir mejores que otras? Nuestra cultura super relativista dice que no. Se nos dice que la mejor manera de vivir es distinta para cada persona, pero eso solamente es cierto en parte.

Con certeza, no podemos considerar esta pregunta en un vacío. Tiene que ser ponderada en un lugar y en un momento verdaderos, para una persona específica, con papeles y responsabilidades, necesidades, esperanzas, y deseos. Con esto en mente, tendemos a saltar directamente a la conclusión que la mejor manera de vivir es distinta para cada persona. Pero, ¿lo es? Creo que la respuesta es sí y no. Un enfoque más estratégico a esta pregunta eterna debe considerar lo que es común a todos antes de saltar a lo que es único para cada individuo.

En algún nivel, la mejor manera de vivir es la misma para todos nosotros. Vamos a considerar estos tres principios que son comunes a todos los hombres y mujeres de buena voluntad.

EL PRIMER PRINCIPIO. El Primer Principio es simplemente éste: Ustedes están aquí para convertirse en la mejor versión de ustedes mismos. Por supuesto, todos podemos estar de acuerdo con que no han de convertirse en una versión de segunda clase de ustedes mismos, que es mejor explorar su potencial que desperdiciarlo. Ni están aquí para ser otra versión de sus padres, maestros, amigos o hermanos. En algún nivel fundamental muy básico, Dios los ha creado y los ha puesto aquí en la Tierra para que sean ustedes mismos. Pero ser ustedes mismos es mucho más difícil de lo que la mayoría supondría, porque requiere el verdadero trabajo de auto-descubrimiento. También requiere que mueran para su yo menor, de modo que su yo mejor pueda surgir en Cristo. No obstante, en esto ustedes comparten un lazo común con todos los hombres, mujeres, y niños, porque todos estamos aquí para convertirnos en la mejor versión de nosotros mismos. Por lo tanto, la mejor manera de vivir es aquélla que los ayude a convertirse en la mejor versión de ustedes mismos.

Este primer principio sirve no sólo como una base sobre la cual empezar a responder la pregunta acerca de la mejor manera de vivir, sino también como una guía muy práctica para las decisiones que forman la vida diaria. En efecto, yo iría tan lejos como decir que todo en la vida tiene sentido en relación a este solo principio. Abracen a todas las personas y todas las cosas que los ayuden a convertirse en una mejor versión de ustedes mismos y vivirán una vida poco común.

Todo tiene sentido en relación al primer principio. La vida se trata de decir que sí a las cosas que los ayuden a convertirse en la mejor versión de ustedes mismos y no a la cosas que no. No es más complicado que eso. Por supuesto, nos las arreglamos para complicar la vida sustancialmente más. Pensando en un plano diferente, el concepto se convierte en una cosa de belleza, porque finalmente nos damos cuenta de que cualquier persona o cosa que no nos ayude a convertirnos en una mejor versión de nosotros mismos es demasiado pequeña para nosotros. Qué liberación y qué alegría experimentamos cuando hacemos nuestra esta verdad por primera vez.

Este concepto de celebrar la mejor versión de nosotros mismos en cada momento y en cada situación durante el día trae la pregunta filosófica "¿Cómo es la mejor manera de vivir?" a un nivel práctico muy real. A medida que nuestra conciencia crece nos volvemos conscientes de que estamos tomando decisiones constantemente y de que cada decisión causa que nos convirtamos en una mejor versión de nosotros mismos o en una menor versión de nosotros mismos.

Es una extensión natural que la mejor manera de vivir también incluya vivir su vida de manera que ayude al prójimo a convertirse en la mejor versión de sí mismo. Cuando causemos que el prójimo se convierta en una versión menor de sí mismo, no estamos en la mejor condición y no estamos viviendo la mejor vida posible. Prevenir que otras personas se conviertan en la mejor versión de sí mismas es un pecado.

Si aceptamos el primer principio, entonces la conversación del significado de la vida se convierte en una conversación bastante corta. Ustedes están aquí para convertirse en la mejor versión de ustedes mismos. Es conociendo, amando y sirviendo a Dios y al prójimo que nos convertimos en lo que Él nos creó para que fuéramos. Todos tenemos esto en común; y, así, en un nivel macro, la mejor manera de vivir es la misma para todos. Estamos aquí para convertirnos en la mejor versión de nosotros mismos. Y así, en el nivel uno la respuesta a la pregunta "¿Cómo es la mejor manera de vivir?" es la misma para todos.

EL SEGUNDO PRINCIPIO. Al seguir explorando la mejor manera de vivir, descubriremos que no es tan diferente de una persona a otra como pudiéramos pensar en un principio. Por miles de años, grandes mentes, incluyendo a Platón, Aristóteles, Agustín, Aquinas, Duns Scotus, Descartes, Immanuel Kant, Marco Aurelio, Epicteto, y otros, han mantenido, cada uno a su manera, que la mejor manera de vivir es "la virtud".

Toda cultura, todo país, toda organización tiene un principio organizador. Para la Alemania de Hitler fue la tiranía. Para China es el comunismo. Para la Cuba de Castro es la dictadura. Para los Estados Unidos es la ley, la cual apoya la democracia y el capitalismo. Para muchas compañías es la recompensa. Para algunas organizaciones es la excelencia o la contribución. Para otros es el temor.

Pero ¿cuál es el principio organizador supremo – para su vida, su familia, para una organización, un país, o, ciertamente, el mundo entero? La virtud. No necesariamente en un sentido religioso, sino simplemente en el sentido griego clásico de la palabra.

Consideren esto. Dos personas pacientes siempre tendrán una mejor relación que dos personas impacientes. Dos personas generosas siempre tendrán una mejor relación que dos personas egoístas. Dos personas valientes siempre tendrán una mejor relación que dos personas cobardes. Dos personas humildes siempre tendrán una mejor relación que dos personas orgullosas. Y todo aspecto de la sociedad – una familia, una comunidad, una organización. O hasta relaciones extranjeras entre dos naciones – es una extensión y multiplicación de esta sola relación.

Piénsenlo de esta manera. ¿A quién preferirían como empleados o colegas – a hombres y mujeres de virtud o a aquéllos llenos de vicio y egoísmo? ¿Preferirían que sus vecinos fueran pacientes o impacientes? ¿Preferirían que su familia extendida fuera generosa o interesada? ¿Preferirían clientes honestos o deshonestos? ¿Preferirían tener un administrador valiente o cobarde?

Todo el mundo prefiere la virtud. A nuestra cultura actual le gusta decir que la virtud es un asunto personal.

Ciertamente, en algunas formas lo es, pero el impacto de la virtud (o de la falta de virtud) de alguna persona no puede ser confinada a esa persona. Nuestras palabras y nuestras acciones, aunque personales, tienen verdaderas consecuencias en la vida de otras personas. Estas consecuencias nunca son confinadas al individuo. Si un hombre mata a otro hombre, la acción del asesino no sólo impacta al hombre que fue asesinado, sino a su esposa e hijos, a sus padres, hermanos, amigos y vecinos. Todo lo bueno que hubiera podido hacer el resto de su vida no se hará. Podía haber sido la persona que iba a curar el cáncer. De la misma manera, si ayudan a alguien a encontrar trabajo, sus acciones amorosas ayudan a esa persona, pero también a su familia y a la comunidad local de tantas maneras que es imposible medirlas. No hay actos puramente personales. Todo lo que decimos, hacemos y pensamos afecta a otras personas.

La virtud es el supremo principio organizador, ya sea en la vida de una persona, o en la vida de una nación. De modo que, en la virtud, tenemos otro ejemplo de cómo la mejor manera de vivir es la misma para todos.

EL TERCER PRINCIPIO. El tercer principio es simplemene auto-control. La mejor manera de vivir es con auto-control o dominio de sí mismo, que muy bien puede ser la más grande necesidad del ser humano. Sin él somos incapaces de cualquier éxito sostenible en la vida, en los negocios, en las relaciones o en la espiritualidad. Porque sin dominio de nosotros mismos o auto-control somos incapaces de demorar la satisfacción. Individualismo, hedonismo, relativismo y minimalismo, las filosofías prácticas dominantes de nuestra época, todas llevan a la decadencia del auto-control de la humanidad y a la desaparición de nuestra habilidad para demorar la satisfacción.

No hay éxito sin la habilidad para demorar la satisfacción. ¿Qué le pasa a las finanzas personales de alguien si no puede demorar la satisfacción? ¿Qué tipo de relaciones es probable que tenga una persona que no esté dispuesta a demorar la saisfacción? ¿Qué calidad de trabajo se puede esperar de una persona que no pueda demorar la satisfacción? ¿Que le pasará a la salud y al bienestar de una persona que se niegue en toda instancia a demorar la satisfacción? Y simplemente no se puede crecer espiritualmente si se rehusa demorar la satisfacción.

Para ser claro, no estoy diciendo que siempre debamos demorar la satisfacción. Dios quiere que experimentemos un placer intenso. Simplemente, estoy diciendo que para vivir su vida mejor, la habilidad para demorar la satisfacción es una técnica requerida. Y aunque hay más en el auto-control que la satisfacción demorada, los dos están inseparablemente unidos. Si desean aumentar su auto-control y crear una mente más fuerte y una voluntad más decidida, practiquen demorar la satisfacción muchas veces al día.

Es mejor vivir con auto-control que sin él. Aquí tenemos otro ejemplo de cómo la mejor manera de vivir es la misma para todos.

Así que en resumen: 1) Ustedes están aquí para convertirse en la mejor versión de ustedes mismos; 2) la virtud es el supremo principio organizador; y 3) el autocontrol es fundamental para la mejor manera de vivir. En estos tres principios encontramos los elementos comunes que nos unen a todos en nuestra búsqueda de la respuesta a la pregunta "¿Cómo es la mejor manera de vivir?" Es mejor vivir de una manera que los ayude a convertirse en la mejor versión de ustedes mismos que vivir de una manera que los disminuya y los haga menos que lo que son. Es mejor vivir una vida de virtud que una vida de vicio. Y es mejor vivir una vida con autocontrol que sin él.

También es importante notar que el conocimiento de y la dedicación a estos tres principios de la mayoría de la gente son mínimos. Al mismo tiempo, la dedicación de la mayoría de las personas a las filosofías del individualismo, el hedonismo, el relativismo, y el minimalismo eclipsa su compromiso con estos tres principios. En eso descansa el reto para cualquiera que quiera cambiar el mundo.

Sin embargo, es cierto que la respuesta a la pregunta es de alguna manera distinta de una persona a otra, y cambia para un individuo en distintos momentos de su vida.

La mejor manera de vivir para una persona soltera, legítimamente puede ser muy distinta de la mejor manera de vivir para una persona casada. Una de mis pasiones es ayudar a los jóvenes a descubrir su misión en la vida. Cuando tengo la oportunidad de hablarles a estudiantes de segunda enseñanza o universitarios, uno de mis temas regulares es acerca de abrazar la "soltería".

Nunca tenemos una oportunidad mejor para servir que cuando somos solteros. La mayoría de las personas se casan, y el matrimonio conlleva una serie de compromisos y responsabilidades que limitan nuestra habilidad para servir a personas, causas, y organizaciones más allá de nuestros deberes inmediatos. Pero en nuestra soltería podemos servir generosamente casi sin reserva y de maneras que no serían posible para una persona casada.

A nivel personal, cuando yo era soltero, la mejor manera de vivir para mí era estar envuelto activamente en una variedad de organizaciones comunitarias y caritativas. Ahora que estoy casado y criando a mi familia, sería un irresponsible como esposo y padre si me envolviera en todas estas actividades voluntarias de la misma manera. No sería la mejor manera de vivir, porque estaría dándole prioridad a algo que es secundario. Ahora, mis principales responsabilidades son las de esposo y padre.

De la misma manera, la mejor manera de vivir puede cambiar a medida que nos movemos a través de las distintas etapas de la vida. Lo que es la mejor manera de vivir a los veinte años de edad puede diferir a los cuarenta, a los cincuenta, o a los sesenta. Esto es cierto aunque nuestros papeles y responsabilidades principales no cambien en estas etapas diferentes de la vida.

Y así, profundizando en la pregunta de la mejor manera de vivir, descubrimos rápidamente que no es una pregunta que hacemos una vez, respondemos una vez, y hemos acabado con ella. Es una pregunta dinámica que requiere un poquito de nuestra atención cada día por el resto de nuestra vida.

Esencialmente, a Jesús le hicieron esta pregunta una vez. Un día, mientras enseñaba en el templo, se le acercaron algunos líderes religiosos de su tiempo. Con el intento de ponerle una trampa, le preguntaron cuál era el más grande de los Mandamientos. Jesús respondió, "Amarás al Señor tu Dios con todo tu corazón, con toda tu alma, y con toda tu mente . . . y amarás a tu prójimo como a ti mismo". (Mateo 22:37-39) Y al hacerlo, El también respondió la pregunta "¿Cómo es la mejor manera de vivir?"

Los Evangelios enteros son una respuesta expandida a esta pregunta. En cierto sentido cada persona que se acerca a Jesús está buscando la mejor manera de vivir, así como ustedes y yo estamos buscando constantemente la mejor manera de vivir ya sea conscientemente o no.

La vida de la Iglesia y sus enseñanzas son una extensión del Evangelio en que también tratan de llevarnos hacia esa mejor manera de vivir. A medida que las eras se han desarrollado, han surgido nuevas situaciones y preguntas, y hombres y mujeres de buena voluntad han ido a la Iglesia y han preguntado, "¿Cómo es la mejor manera de vivir con respecto a esta circunstancia en particular?" Todas estas respuestas se han unido en un increíble cuerpo de conocimiento y sabiduría y están disponibles para todas las personas de todos los tiempos.

Con frecuencia, las personas piensan que la Iglesia dice tienen que hacer eso o no pueden hacer eso. De hecho, la Iglesia no hace tal cosa. La Iglesia simplemente se levanta en todo lugar y tiempo señalando el camino hacia la mejor manera de vivir. Cada uno de nosotros decide si vamos a caminar por ese camino o no.

Y es aquí donde llegamos al corazón del asunto. Es aquí donde surge una nueva pregunta ¿Creen ustedes que Jesús nos ofrece la mejor manera de vivir? Si no creen que la vida, las enseñanzas y la persona de Jesús lleva a la mejor manera de vivir ¿quién o qué lo hace? Si creen que Jesús nos guía en la mejor manera para vivir, entonces, ¿no es una consecuencia natural que quieran compartir esa mejor manera con los demás? Y eso es la Evangelización – ayudarlos a descubrir el amor de Dios y la sabiduría de Sus maneras; ayudando a la gente a vivir la mejor vida posible y a convertirse en la mejor versión de sí mismos, ayudando a la gente a descubrir la mejor manera de vivir.

Queremos estas cosas para cualquier persona que amemos.

Jesús nos invita a una vida de amor. ¿Cuánto amamos realmente? Por supuesto, amamos a las personas cercanas a nosotros. Pero la mayor parte del tiempo, dar y recibir van en una medida igual en estas relaciones. ¿Cuántas veces amamos y no esperamos algo de vuelta? ¿Cuán frecuentemente hacemos algo por amor que requiere que hagamos sacrificios?

La Evangelización es la forma suprema de amar al prójimo. ¿Hay alguna manera mayor de amar al prójimo que ayudándolo a descubrir la mejor manera de vivir?

¿Son algunas maneras de vivir mejores que otras? Nuestra cultura relativista dice que todas las maneras de vivir son iguales, pero esto es una tontería. En esta era de secularismo se nos dice que debemos respetar el derecho de todos a vivir como deseen, pero ¿cómo está eso funcionando para nosotros? ¿No es ya un experimento fallido? El relativismo lleva a un mundo en el que nadie es la mejor versión de sí mismos. ¿Eran iguales el enfoque de la vida de la Madre Teresa y el de Hitler? Pienso que no. Uno era mejor que el otro. El relativismo es el enemigo de la Evangelización, porque si todas las maneras de vivir son iguales, entonces no se necesita llevar al prójimo a una vida mejor. Hasta el observador más casual, al reflexionar, llega a la conclusión que algunas maneras de vivir son mejores que otras, y si ese es el caso, entonces debe haber una manera de vivir aún mejor. Y si algunas maneras de vivir son mejores que otras, ¿no debemos hacer lo que podamos para ayudar a tantas personas como sea posible a descubrir la manera aún mejor de vivir?

Encuentro fascinante que ya casi nunca hablamos del Cielo y el infierno. ¿Qué creen que pasa cuando morimos? ¿Creen en el Cielo? Yo creo. Mi razones no son tan teológicas como algunos esperan. ¿Ven?, yo creo que esta vida es tan sólo un tenue reflejo de una realidad infinitamente mayor. En mi vida he experimentado momentos de éxtasis increíbles – encontrar a la persona con quien pasar mi vida, el nacimiento de mis hijos, y, en una extensión menor, momentos de mis viajes, de pie ante una obra de arte verdaderamente hermosa, un tiro de golf perfecto – pero estos momentos son pasajeros e imposibles de asirse a ellos. No obstante, creo que ofrecen un vistazo de lo que Dios tiene preparado para nosotros, una clase de avance. También he experimentado el amor de Dios y el amor del prójimo, y si reflexiono sobre lo que sería estar constantemente en esos momentos de amor increíble no es difícil para mí imaginar cómo puede ser el Cielo. Y, sin embargo, sé que cualquier cosa que pueda imaginar es solamente un tenue reflejo de lo que en realidad es. Mi fe me aconseja que nadie se decepciona cuando experimenta el Cielo.

Por las mismas razones, creo en el infierno. He probado esta experiencia demasiado. Ha habido momentos de gran oscuridad en mi vida, cuando sentí el mal demasiado cerca. Para ser más preciso, a veces me he sentido lejos de Dios. También he sido testigo de otras personas que estuvieron poseídas por un infierno vivo en la Tierra. Y tan horrendos como estos momentos oscuros pueden ser – en nuestra propia vida o al ser testigos de ellos en la vida de otras persona – también creo que son sólo un tenue reflejo de una realidad infinitamente más oscura.

Y mientras estamos en esto, más vale que tomemos un momento para discutir el concepto del purgatorio. Yo soy un hombre práctico. Si como demasiados donuts o papas fritas, subo de peso. Para volver a la salud óptima, tengo que hacer ejercicios vigorosamente y soportar una dieta bastante estricta. Me parece que lo mismo es cierto espiritualmente. Si me permito un vicio con regularidad, mi salud espiritual disminuye. Este vicio afecta mi salud espiritual y física, mis relaciones, mi claridad intelectual, y muchos otros aspectos de la vida, de cuya mayoría probablemente ni siquiera estoy consciente. Quizás un día decido dejar de compartir en ese vicio. Puedo parar hoy, pero los efectos de mi mala conducta previa vivirán en mí por algún tiempo futuro. Es solamente mediante la consistente y persistente práctica de la virtud que podré con el tiempo desprenderme de esos malos efectos residuales de mi vida de vicio previa.

Ahora consideren, ¿qué es el Cielo? Todos podemos tener ideas diferentes, pero la mayoría puede estar de acuerdo con que es un estado perfecto o una experiencia perfecta. Si colocan algo imperfecto en algo perfecto, todo se vuelve imperfecto. Por ejemplo, si tienen un vaso de aceite de oliva puro, y añaden una gota de aceite de motor, ya no tienen un vaso de aceite de oliva. No estoy seguro de qué tienen, pero no es aceite de oliva. El vaso

de aceite de oliva puro es el Cielo; la gota de aceite de motor es algo menos que perfecto – ustedes y yo. Probablemente podemos estar de acuerdo con que la mayoría de las personas no son la óptima versión de sí mismas cuando mueren, y así el purgatorio (una experiencia de purificación) es justamente una consecuencia natural y necesaria. De otra manera, añadir algo imperfecto a algo perfecto lo disminuiría todo.

Sospecho que cuando lleguemos al Cielo habrá muchas sorpresas. Entre estas sorpresas, pienso que la mayoría de las personas estarán atónitas al enterarse de cuánto son amadas y cuán adorables son. Pero nos desviamos. Si el Cielo existe, ¿no quieren que tantas personas como sea posible lo experimenten?

Conquistar, Desarrollar, Enviar

Imaginen haber descubierto la mejor manera de vivir y querer cambiar el mundo ayudando a tantas personas como fuera posible a descubrir y vivir de esa manera. ¿Cómo lo harían? Cualquiera que tenga experiencia en comercializar productos o ideas les dirá que necesitan tener un sistema desde el principio. Dios quiere *conquistarlos* con Su amor y Su sabiduría; Dios quiere *desarrollarlos* espiritualmente para que tengan el conocimiento y los hábitos necesarios para vivir en Su amor e ir por Sus caminos; y Dios quiere *enviarlos* al mundo para que compartan Su amor con los demás. *Conquistar, Desarrollar, Enviar.*

El plan de Dios para cambiar el mundo es hacer que tantas personas como sea posible vivan el Evangelio; lo cual, como acabamos de descubrir, resulta ser la mejor manera de vivir. Pero primero y principalmente El desea una amistad dinámica e íntima con nosotros. Piensen en eso. Aquí estamos hablando del Creador del universo. Si el Presidente de los Estados Unidos, el futuro Rey de Inglaterra, o su celebridad favorita quisiera tener una amistad dinámica con ustedes, estarían halagados y entusiastas. Dios quiere tener una amistad íntima con ustedes.

CONQUISTAR

Como empecé a explicar en el capítulo anterior, cuando yo tenía unos quince años fui tremendamente afortunado porque unas cuantas personas me ayudaron a descubrir el genio del catolicismo. En verdad no sé dónde estaría hoy, o qué estaría haciendo, si esas personas no hubieran hecho tiempo para ayudarme a desarrollarme espiritualmente. Mi historia no es tan dramática como la de otras personas; es simplemente una historia de descontento con la vida y las ideas que la cultura estaba sirviendo. Era un caso clásico de "tiene que haber algo más en la vida".

Una de las cosas más intrigantes sobre el catolicismo es que una vez que se prueba lo verdadero, es absolutamente fascinante e increíblemente hermoso. Mirando hacia atrás, pienso que Cristo y Su Iglesia me conquistaron con una sola idea: Todos somos llamados a vivir una vida santa. Por supuesto, no me conquistaron la primera vez que oí la idea. En papel parece como un concepto amedrentador, pero se convirtió en una idea organizadora. Todo parecía caer en su lugar alrededor de esta idea. Había ciertas

maneras de pensar, de hablar, y de comportarse que me hicieron crecer en bondad, virtud, y santidad. Había otras maneras de pensar, hablar y comportarse que no lo hicieron. Cuando fui alentado a pensar en eso, me pareció algo de sentido común. Simplemente, yo nunca había sido alentado a pensar en eso de una manera tan convincente. No se requería un gran salto de fe. En un nivel muy natural, parecía lógico y práctico.

Desde un punto de vista puramente egoísta noté que cuando estaba caminando con Dios y viviendo la vida que El nos invita a todos a vivir por medio de los Evangelios, yo era más feliz. La felicidad y la santidad están íntimamente conectadas. De hecho, yo iría tan lejos como a decir que no se puede tener una sin la otra. De joven, para mí la conexión entre la acción correcta y la felicidad humana era inequívoca. También noté que mientras más trataba de vivir la vida a la que Dios me estaba invitando, más me convertía en mí mismo sinceramente. He aquí de dónde viene la frase "la mejor versión de ustedes mismos". Es simplemente un intento para poner en el lenguaje de nuestra era el sueño que Dios tiene para todos sus hijos: que crezcamos para convertirnos en todo lo que El nos creó para que fuéramos.

También es importante señalar que no me conquistaron de una vez y para siempre. Ninguno de nosotros lo es. Somos seres humanos y como tales tendemos a vacilar, algunas veces hasta en nuestras convicciones más nobles. Estamos envolviéndonos y separándonos constantemente. Vamos hacia adelante y hacia atrás hasta en asuntos importantes. Nuestro amor y nuestra alianza, a diferencia de los de Dios, no son constantes. A veces estoy lleno de grandes dudas sobre aspectos de nuestra fe, mientras que en otros momentos estoy lleno de una fe casi absoluta. Hay momentos en que estoy al borde de la depresión pensando sobre cómo la debilidad humana ha devastado la fe de tantas personas en la Iglesia. En otros momentos estoy segurísimo de que Dios está guiando todas las cosas en la vida de la Iglesia.

Justo cuando pienso que no puedo amar a mi esposa más de lo que ya la amo, ella me conquista de maneras nuevas e inesperadas, y pueden ser las cosas más sencillas las que eleven mi amor a un nuevo nivel. El otro día la vi leyéndole a nuestra hija. Isabel tiene sólo nueve meses de nacida, pero le encanta que le lean libros. Estaba tan animada mientras Meggie le leía, y me dije, qué madre tan increíble es. De la misma manera, Dios me conquista de nuevo una y otra vez. Hay cosas que pasan todos los años que hacen que me enamore de Sus maneras más que nunca antes. Lo que estoy tratando de decir es que Dios no nos conquista tan sólo una vez. El nos conquista una y otra vez, de maneras nuevas y más profundas. Es importante que entendamos esto; de otra manera podemos caer en la trampa de pensar que el modelo Conquistar, Desarrollarr, Enviar es una progresión de una sola vez. Esto nos dejaría susceptibles para decir que debido a que todavía no hemos sido conquistados o desarrollados completamente, no estamos listos para ser enviados. Algunas de las personas más inteligentes que conozco se quedan completamente atrapadas en la etapa de la conquista, y dan vueltas y vueltas en círculos por años. Otras resisten la etapa del envío, diciendo que todavía no han sido desarrolladas lo suficiente. Las etapas del desarrollo y el envío los conquistarán de maneras nuevas.

El reto más grande con el que yo me he enfrentado escribiendo este libro ha sido tratar de imaginar quién sería el lector. ¿Quién eres? ¿Hombre? ¿Mujer? ¿Joven? ¿Viejo? ¿Soltero? ¿Casado? ¿Sacerdote? Te encuentras en ese momento importante de tu vida en el que estás buscando alguna claridad en el área de tu fe? ¿Estás hambriento de crecer espiritualmente? ¿Eres ya un católico muy comprometido? O tal vez eres un sacerdote en busca de soluciones para los retos tan complejos a los que te enfrentas cada día en la vida de tu parroquia. No sé quién eres, pero no estoy seguro de que eso importe, siempre que estés dispuesto a explorar esta pregunta: ¿Te ha conquistado Cristo?

Para la mayoría de las personas la respuesta es gradual. La mayoría de nosotros ha sido conquistado hasta cierto punto. Entonces, la pregunta se vuelve si estamos dispuestos a dejar que Jesús nos conquiste de nuevas maneras. No diré que me ha conquistado completamente, aunque espero que finalmente me conquiste completamente. Si dejamos que este año nos conquiste un poquito más para Su vida y Su amor que el año pasado, eso es progreso, progreso espiritual – y es una cosa hermosa. Nunca hemos de burlarnos del progreso por poco que sea.

Hay tres maneras de conquistar a las personas: por medio de la verdad, de la belleza, y de la bondad. Para algunas personas es la verdad que brilla de una investigación intelectual la que conquista su corazón para Dios. Ellas leen a Tomás de Aquino y la belleza de la verdad y de la lógica las conquista. Para otras es la belleza de la Capilla Sixtina o de la Catedral de Chartres la que conquista su corazón para Dios. Y aún para otras, es la bondad del servicio cristiano la que las conquista, cuando ven el cuidado de la Madre Teresa por un paciente de SIDA o experimentan la bondad de la amistad cristiana, una amistad que se centra en el interés supremo de la otra persona. La mayoría de nosotros somos conquistados por una combinacion de las tres.

Lo que es importante notar es que si examinan la historia de nuestra fe y estudian las historias de millones de personas que han llegado a tener un mayor aprecio del catolicismo, aunque la historia de cada persona es única, todas han llegado a Jesús a través de uno de estos tres caminos – verdad, belleza, y bondad.

Entre los católicos muy comprometidos que fueron entrevistados como parte de esta investigación, el 89% describió una experiencia de conversión – un evento de su vida que los conquistó para establecer una relación más comprometida con Dios. Algunos de ellos usó este lenguaje y lo desribió como una conversión, pero muchos de ellos lo describió con otro lenguaje. Algunos simplemente dijeron cosas como, "¡Esa fue la primera vez que realmente lo entendí!" Algunos "lo entendieron" yendo a un retiro, o a una peregrinación, o a una conferencia; otros lo entendieron leyendo un libro o escuchando un disco compacto, y aún otros lo entendieron cuando experimentaron un evento que cambió su vida o la muerte de un ser querido.

Todos necesitamos por lo menos una buena conversión verdadera en nuestra vida. Pero la conversión es un proceso continuo en la vida de un cristiano.

Esto lo sé de seguro: necesitamos encontrar cuál es exactamente la mejor manera (o maneras) de conquistar a los católicos modernos para Jesús y Su Iglesia. Cuando uno habla con católicos muy comprometidos, está claro que ellos lo entienden. Su manera de pensar, de hablar, y de vivir es marcadamente distinta del resto de los católicos. Cuando uno habla con católicos que no están comprometidos, rápidamente se hace claro que no lo entienden, y aún más importante, es tan claro que nunca lo entendieron, que alarma.

Durante años he estado haciendo investigaciones en preparación para crear programas importantes para cada uno de estos Momentos Católicos: el Bautismo, la Primera Reconciliación, la Primera Comunión, la Confirmación, la Preparación para el Matrimonio, y el Rito de Iniciación Católica de Adultos. Una cosa que me asombró a medida que nos sumergíamos en esta obra fue que no hay un momento, en el desarrollo catequético de un católico que fue bautizado de niño, en el que le pidamos que se decida por Cristo y por Su Iglesia. En cada paso del camino suponemos que las personas están comprometidas con Cristo y con Su Iglesia – pero en demasiados casos esa es una suposición falsa, y nos está lastimando enormemente. Sin un compromiso de algún tipo, es mucho más fácil alejarse – y las personas están alejándose a un ritmo alarmante. Pero ellas no se despiertan un día y dicen, "No voy más a la iglesia". Para la mayoría de las personas no es una decisión consciente. La mayoría de las personas simplemente se alejan de la Iglesia. Puede que hayan estado yendo a la iglesia todas las semanas hasta un Domingo en que su hijo tenía un torneo de fútbol y faltaron a la Misa. Sin darse cuenta, están yendo tres veces al mes o cada segunda semana. Continúa de esta manera hasta que pierden el hábito completamente. Pero van en la Navidad porque sienten que es lo correcto. Así es cómo los estamos perdiendo. No es porque se adentraron en el catolicismo y descubrieron que no tiene qué ofrecer, no es una decisión bien informada y deliberada. Simplemente se alejaron. Esto no sería tan rampante si nuestras comunidades fueran más fuertes, porque en ese caso notaríamos que se estaban alejando y les lanzaríamos una cuerda de salvamento. El punto es que se han ido, millones de personas. Pero quizás el punto más perturbador es que, en realidad, cuando tuvimos la oportunidad nunca las conquistamos. Nunca las ayudamos a formar una relación efectiva con Jesús y Su Iglesia. Nunca lo entendieron. Si lo hubieran entendido nunca se hubieran ido.

En su parroquia, ¿qué programas están designados a conquistar a las personas para Dios y Su Iglesia? Por supuesto que todo lo que hacemos puede tener ese efecto. Pero, ¿qué hacen como parroquia que, a propósito, está específicamente diseñado para conquistar personas? Necesitamos emplear mucho tiempo y mucha energía planeando cómo vamos a conquistar a las personas si vamos a infundirle una nueva vida a la Iglesia Católica hoy.

De nuevo, todo empieza a nivel de la transformación personal. Dios nos conquista uno a uno. ¿Han sido conquistados? ¿Están abiertos para ser conquistados? ¿Necesitan ser conquistados otra vez? Dios quiere conquistarlos de maneras nuevas hoy. Y espero que tomemos en serio crear oportunidades para que Dios conquiste a hombres, mujeres, y niños, en nuestras parroquias.

DESARROLLAR

Fue por medio de la amistad de un hombre en particular que yo experimenté la etapa del desarrollo. Los católicos muy comprometidos han desarrollado una vida espiritual. Muchos de ellos lo han hecho en el curso de décadas por medio del método de ensayo y error y de una persistencia increíble. Lo hicieron de esta manera porque nadie les enseñó cómo hacerlo. Me considero increíblemente bendecido por haber sido preparado por alguien que ya había realizado el trabajo duro.

Como he escrito antes, todo empezó cuando me alentó a detenerme en la iglesia por diez minutos cada día camino a la escuela. No era conveniente, pero era un elemento de cambio para mí. Puedes rezar dondequiera, pero detente en tu iglesia por diez minutos cada día por una semana, y después dime si no es diferente. Aquí es donde empezó todo para mí. Sé que suena tan básico – casi insignificante. Pero los elementos de cambio usualmente son sencillos.

Después de varias semanas durante las cuales pasé diez minutos cada día en la iglesia tan sólo hablándole a Dios, mi entrenador espiritual sugirió que empezara a leer los Evangelios quince minutos al día también. Fue aquí que, por primera vez, encontré a Jesús realmente de una manera total. Los Evangelios han sido parte de mi vida desde siempre. En la escuela católica se leían o se hacía referencia a ellos, y todos los Domingos oía la lectura del Evangelio, pero nunca hicieron eco en mí. Mas ahora, finalmente, los Evangelios penetraron mi corazón y Jesús se hizo vivo.

Poco a poco, ladrillo a ladrillo, mi amigo estaba ayudándome a construir una vida espiritual. El no la lanzó toda sobre mí de un golpe. Uno a uno introdujo los components claves de una espiritualidad vibrante. Después de varias semanas de arraigar el hábito de leer los Evangelios, sugirió que fuera a la Misa diaria una vez a la semana. Fue en la Misa diaria que me enamoré de la Misa . . . y pienso que fue por medio de la Misa diaria que fui conquistado de una manera nueva para la Iglesia. Había ido a Misa todos los Domingos de mi vida, pero fue aquí, en la Misa diaria, que primero empezó a tener sentido realmente. Nunca había podido señalar exactamente por qué, pero hubo algo en la intimidad de esa experiencia que me permitió absorberla de una manera nueva.

Este amigo estaba dirigiéndome personalmente en un proceso de mejoramiento continuo.

Seguidamente sugirió que pasáramos un Sábado por la tarde en un ancianato visitando a esos residentes que rara vez tienen visitas. Aquí fui iniciado en la tradición cristiana de obras de misericordia, las cuales nos llevan fuera de nosotros mismos naturalmente. Uno de los obstáculos más grandes para el desarrollo espiritual es ensimismarse. Las obras de misericordia nos liberan de este obstáculo sin esfuerzo alguno.

Unas semanas después él sugirió que fuera a confesarme. Recuerdo dejar esa experiencia sintiéndome eufórico, ligero como una pluma, como si un gran peso se me hubiera quitado de la espalda.

A lo largo de todo este proceso, semana tras semana, sentí que la alegría estaba creciendo en mi corazón. Era más feliz, y en un sentido muy natural eso era una prueba maravillosa de que estaba en un camino nuevo e importante.

Entonces, un día estábamos manejando hacia la casa de jugar baloncesto, y me preguntó si me gustaría rezar el Rosario. Me avergoncé. Mis maestros de cuarto y quinto grado acostumbraban hacernos rezar el Rosario, pero hacía años y no estaba seguro de acordarme. El me ayudó, y por alguna gracia empecé a rezar el Rosario todos los días. Esta sencilla, humilde, y antigua oración ha sido para mí la fuente de una paz increíble a través de los años. Nunca deja de asombrarme cómo esta oración me calma y me enfoca cuando tengo la disciplina de practicarla.

De vez en cuando, quizás cada tres semanas más o menos, mi amigo me daría un libro espiritual. A estas alturas yo los devoraba. Estaba hambriento de aprender más. Sentí como si este gran tesoro había estado ante mí toda mi vida; pero, esencialmente, yo había estado ignorándolo. Recuerdo sentir ira porque otras personas en mi vida no me habían ayudado a descubrirlo antes y, al mismo tiempo, me sentí agradecido porque estaba experimentándolo ahora.

Pero tal vez el aspecto más importante de mi jornada fue uno de los puntos principales del capítulo tres. Este hombre me ayudó a encontrar respuestas a mis preguntas. Yo tenía preguntas sobre la oración, sobre la Misa, sobre cosas que estaba leyendo en la Biblia, sobre cosas que estaba leyendo en libros espirituales, sobre cosas que oía sobre el catolicismo en los medios de comunicación. Tenía preguntas sobre la vida y él me ayudó a descubrir las respuestas a esas preguntas.

Aprendí tanto de él en este respecto. El me enseñó que uno no tiene que tener todas las respuestas para ayudar a alguien más a crecer en la fe; sólo hay que estar dispuesto a ayudarlo/a a encontrar las respuestas a las preguntas que uno no puede responder. El me enseñó que hay respuestas a las preguntas. En el proceso llegué a una de mis convicciones más fuertemente mantenidas sobre nuestra fe: Las personas merecen respuestas a sus preguntas.

En cada paso del proceso me estaban desarrollando en el conocimiento y en la experiencia de Dios, y en cada paso estaba siendo conquistado de maneras nuevas y más profundas.

Notarán que menciono proceso varias veces. Fue un proceso. El hombre que estaba guiándome no estaba actuando porque se le antojaba; sino que a propósito, estaba compartiendo la fe conmigo y tratando de guiarme hacia una vida mejor – de hecho, la mejor. El había pasado decadas desarrollando una espiritualidad vibrante y práctica para sí mismo, y ahora estaba compartiendo gratuitamente la sabiduría de su experiencia. Yo fui bendecido al conocerlo.

Dios quiere desarrollar una espiritualidad dinámica en ustedes. El quiere que nuestras parroquias ayuden a las personas de todas las edades a desarrollar una vida espiritual para que por medio de nuestras rutinas espirituales regulares El pueda construirnos y refinarnos a Su imagen.

No es suficiente que esperemos que esto pase. Necesitamos un proceso e intencionalidad. Estos son dos de los ingredients claves de la evangelización efectiva. No va a pasar simplemente. Necesitamos un plan.

ENVIAR

Aquí, el error sería enfocar mi vida pública como orador y escritor. Esta obra es, ciertamente, evangelización; pero muy pocos de nosotros son llamados a evangelizar de esa manera. Sin embargo, somos llamados a evangelizar. Y lo cierto es, que es mucho más fácil hablar y escribir para un gran público que interesarnos en ayudar a unas cuantas personas a las que Dios ha puesto en nuestra vida para crecer espiritualmente. Mis primeros intentos de compartir la fe con otras personas fueron torpes y difíciles. Yo era joven; mis amigos estaban interesados en lo que se interesan los jóvenes. Mis mejores amigos escuchaban respetuosamente. Mis no tan buenos amigos rechazaban mis esfuerzos de plano. Más que todo, era impaciente.

Con los años, mi enfoque para atraer a las personas hacia Cristo y Su Iglesia se ha vuelto mucho más natural y paciente. Hay tres claves para ese enfoque: amistad, generosidad, y respuestas.

La amistad es la forma más natural y efectiva de compartir la fe con otras personas. Si somos amigos y yo digo algo con lo que ustedes no están de acuerdo, no es probable que lo descarten sin considerarlo. Por el respeto desarrollado en el curso de una amistad, considerarán mi punto de vista, aunque no estén de acuerdo con él. Invitar a las personas a explorar sus cuestiones de fe de una forma nueva es pedirles que reconsideren la manera en que llevan su vida – con frecuencia a fondo. Es el respeto que nace con la amistad lo que le permite a las personas bajar la guardia y considerar una forma nueva.

La amistad cristiana no se trata simplemente de intereses comunes, sino de ayudarnos mutuamente para convertirnos en la mejor versión de nosotros mismos. Una amistad que pone los intereses de la otra persona por encima de nuestros propios deseos egoistas o de nuestra agenda es bastante rara en este mundo. Con frecuencia, cuando las personas experimentan esta clase de amistad por primera vez no lo creen. La amistad cristiana parece demasiado buena para ser verdad en el panorama cultural actual. Y así, toma tiempo convencer a las personas de que nuestra amistad es sincera y está bien motivada. Pero es este tipo de amistad el que se convierte en el vehículo para propagar la fe.

La segunda clave de la Evangelización es la generosidad. El cristianismo es generoso por su propia naturaleza. Somos llamados a ser generosos con nuestro tiempo, con nuestro talento, y con nuestro tesoro, pero además con nuestro amor y nuestra compasión, saliendo de nuestro camino para servir generosamente a quienes se crucen en nuestro paso. La generosidad es encantadora y atractiva.

La tercera clave, y de alguna manera la más importante en este momento de la vida de la Iglesia y de la cultura, es ayudar a las personas a encontrar respuestas a sus preguntas. No puedo enfatizar este punto suficientemente. Vivimos en un tiempo en el que más personas tienen preguntas sobre el catolicismo que nunca antes. Los católicos tienen preguntas y los no católicos también. Una de las maneras más efectivas de evangelizar es ayudándolas a encontrar respuestas a esas preguntas. Esta forma de evangelización se vuelve profundamente personal, porque lleva derecho a los obstáculos que detienen a una persona para rendirle su vida a Dios. Fulton Sheen escribió, "Solamente hay cien personas en el mundo que no están de acuerdo con lo que la Iglesia enseña. El resto no está de acuerdo con lo que ellas piensan que la Iglesia enseña".

La ignorancia es masiva y, por encima de todas las cosas, yo creo que las personas merecen respuestas a sus preguntas. Es asombroso cómo una vez que probamos la verdad desarrollamos un apetito insaciable por ella. Una vez que alcanzamos a ver la belleza de la verdad, la superficialidad y el vacío de nuestra cultura se revela.

Todos estamos siendo llamados a compartir nuestra fe con otras personas. Por medio de la belleza de la amistad cristiana, de lo bueno de la generosidad exorbitante, y de responder las preguntas más profundas de las personas, podemos invitarlas a descubrir a Dios, a Su Iglesia y la mejor manera de vivir.

• • • • • • •

CONQUISTAR. DESARROLLAR. ENVIAR. Este es el proceso de la Evangelización. Con demasiada frecuencia, cuando hablamos sobre la Evangelización en la Iglesia Católica estamos pidiéndole a personas que no ha sido suficientemente conquistadas y desarrolladas que vayan al mundo en una misión; y ellas, simplemente, no están preparadas. La mayoría de los católicos no evangeliza porque en realidad no cree que el catolicismo es un modo de vida superior. Así que ¿por qué querría compartirlo? No han sido conquistada. Hasta que somos conquistados, no tenemos la pasión que enciende nuestro vientre para atraer a alguien más – y el cristianismo sólo crece sinceramente por medio de la atracción.

Ultimamente hemos estado hablando sobre la Nueva Evangelización. Es un tema que fue primero propuesto por Juan Pablo II y que ha sido enfatizado más por Benedicto XVI. Pero aquí en los Esados Unidos uno tiene que preguntar si hubo una Antigua Evangelización. En su mayor parte, la Iglesia en los Estados Unidos solamente ha crecido siempre por nacimientos, marimonios, e inmigración. Aunque ahora está decreciendo. El lujo de un índice vibrante de nacimientos y un gran número de inmigrantes católicos permitió que la Iglesia pareciera estar fuerte y creciendo. En verdad, la Iglesia en los Estados Unidos siempre ha crecido, pero no porque estuviéramos comprometidos a compartir el genio del catolicismo con los demás – y no porque seamos particularmente buenos en ello. El porcentaje de verdaderos conversos que hacen que la Iglesia Católica en los Estados Unidos crezca es minúsculo, especialmente si se descuenta a los que se convirtieron para casarse con un católico.

La razón por la que comparto esto es porque si alguna vez vamos a llegar a ser realmente buenos evangelizando, es crítico que reconozcamos que nunca hemos sido particularmente buenos en ello.

El modelo Conquistar, Desarrollar, Enviar funciona. Y tal vez lo que mejor indica es que hemos estado tratando de cumplir esta gran misión de nuestra Iglesia – la Evangelización – sin un modelo. Necesitamos un modelo que sea escalable y sostenible. No hay atajos. No tiene sentido tratar de enviar a personas que no han sido suficientemente conquistadas y desarrolladas. Esto

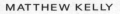

siempre acaba en desastre. De modo que cuando hablamos sobre nuevos esfuerzos en el área de la Evangelización es imposible tener una verdadera conversación sin considerar también qué vamos a hacer para aumentar nuestro éxito conquistando y desarrollando a las personas.

Las personas no fallan porque quieren fallar. Fallan porque no saben cómo triunfar. En términos de la Evangelización, nunca hemos entrenado realmente a las personas en cómo hacerlo; y, muy parecido a lo que descubrimos en nuestra discusión del primer signo, Oración, si simplemente "vemos qué pasa", usualmente nada pasa. Necesitamos un proceso para entrenar a los católicos para que se vuelvan realmente buenos en compartir el genio del catolicismo con los demás.

Todo el mundo evangeliza sobre algo, pero la mayoría evangeliza sobre cosas equivocadas. ¿Han visto cuán apasionadas son algunas personas cuando hablan sobre su 'iPhone'? Les dicen por qué les encanta tanto, señalan las aplicaciones y características favoritas, y cuando terminan, probablemente ustedes también quieren uno. Eso es evangelización. Otras personas evangelizan sobre su automóvil, su compañía, o su lugar favorito para ir de vacaciones. Es asombroso cuán animados podemos volvernos sobre cosas triviales. Evangelizar está en nuestra naturaleza. Tristemente, muchas personas no tienen nada mejor sobre lo cual evangelizar que su 'iPhone' o su lugar favorito para ir de vacaciones.

Todos somos evangelistas. ¿Sobre qué están evangelizando ustedes?

Sintiéndose Bien de Ser Católicos

A lo largo de las etapas de la conquista y el desarrollo, una de las cosas que les pasa a las personas es que empiezan a sentirse bien siendo católicas. No hablamos siquiera lo suficiente sobe eso. En el contexto de una discusión teológica o del gobierno de la Iglesia eso puede parecer algo suave, pero es absolutamente esencial para la vida y el crecimiento de la Iglesia. Los católicos muy comprometidos se sienten bien siendo católicos. Son católicos inspirados.

Siempre hay razones para sentirnos mal con respecto a nuestra identidad católica. Nuestro tiempo no es diferente, y uno de los costos del escándalo del abuso sexual es que le ha quitado a muchas personas normales la habilidad de sentirse bien de ser católicas. Trágicamente, mientras los medios de publicidad nos han atacado implacablemente debido a los escándalos del abuso sexual, no hemos respondido. No hemos dado a conocer nuestra historia. Nos hemos dejado sumir en el negativismo y no hemos demostrado nuestras increíbles contribuciones positivas.

En cada lugar y en cada momento no faltan las razones para sentirse realmente bien de ser católicos. Estas incluyen nuestras contribuciones sociales y espirituales, la vida que llevamos a las comunidades, y el apoyo que les brindamos física, emocional, intelectual y espiritualmente a cientos de millones de personas literalmente en todo el mundo todos los días. Nuestros sistemas de educación y asistencia médica son sólo dos ejemplos. La lista es interminable; pero, tristemente, poco conocida. Pídanle a los católicos que les mencionen tres cosas realmente grandes sobre Su

Iglesia y rápidamente descubrirán cuán poco sabe la gente acerca del papel que desempeña la Iglesia en la vida de tantas personas.

No es que lo bueno justifique lo malo; sino que lo bueno es el resultado de vivir auténticamente la fe católica,y lo malo refleja la falibilidad de los seres humanos. Usualmente, lo malo dice más sobre la naturaleza humana que sobre la fe católica.

Es imposible compartir la bondad y la belleza de Cristo y de su Iglesia con otras personas si no se sienten bien de ser católicos. Así que será mejor que empecemos a pasar más tiempo pensando en esta pregunta: ¿Qué tomaría hacer que católicos normales se sientan bien de ser católicos nuevamente?

Lo que yo he aprendido en todos los años que he estado hablando y escribiendo es que las personas no hacen algo hasta que están inspiradas. Pueden tener todas las palabras correctas en la página, pero si las personas no están inspiradas, no responderán a esas palabras. En los últimos veinte años ha habido esfuerzos enormes para asegurar que estamos enseñando la verdad de la fe católica en nuestros programas de formación en la fe, pero en demasiados casos estos programas son secos y aburridos – de modo que las personas no responden. ¿Qué estaban haciendo los díscipulos entre la muerte de Jesús y Pentecostés? No mucho. ¿Qué hicieron después de Pentecostés? Cambiaron el mundo. En serio, estos doce hombre literalmente cambiaron el mundo. ¿Qué pasó? Fueron inspirados. Me doy cuenta de que no es la jerga teológica por lo que pasó, pero eso es lo que pasó. Hoy los católicos necesitan ser inspirados. Necesitamos una efusión (y una infusión) masiva del Espíritu Santo.

Las personas no hacen algo hasta que son inspiradas, y una vez que son inspiradas hay casi nada que no puedan hacer. Inspirar a las personas es algo crítico y algo que hemos pasado por alto por demasiado tiempo.

No es de sorprender que la investigación descubriera que los Católicos Dinámicos se sienten bien de ser católicos. Y se sienten así sobre el catolicismo a pesar de lo que esté pasando en su parroquia, a pesar del último escándalo de la Iglesia, y a pesar de cómo el catolicismo ha sido distorsionado o abusado a lo largo de la historia. Para ellos, el catolicismo es más grande que todo esto.

De nuevo, permítanme enfatizar, esto no es algo sin importancia y no debe ser pasado por alto.

Una de las cosas que noté desde muy temprano sobre el Programa de Libros Parroquiales de Católicos Dinámicos / Dynamic Catholic Parish Book Program fue que el entusiasmo de distribuir todos esos libros a los feligreses en la Navidad y en la Pascua de Resurrección justamente hace que las personas se sientan bien de ser católicas. He notado eso mismo sobre distintos anuncios de campañas de la televisión católica. Con frecuencia estos anuncios están dirigidos a atraer a las personas a la Iglesia de nuevo, pero pienso que pasamos por alto el tremendo valor que tienen para inspirar a los que van a la iglesia todos los Domingos, para que se sientan bien de ser católicos. De vez en cuando se necesita alentar a los que son fieles, y resulta que es una de las maneras más efectivas de conquistar de nuevo a los desconectados.

¿Cuántos católicos están realmente orgullosos de ser católicos? La verdad es que hoy día la moral está muy baja entre los católicos, y si no podemos cambiar eso, nuestra habilidad para evangelizar va a ser limitada. Uno no trata de compartir algo con otras personas a menos que uno mismo se sienta realmente bien sobre ello. Y este puede ser el meollo del problema. La verdad que no estamos dispuestos a enfrentar puede ser precisamente que la mayoría de los católicos no se siente bien de ser católico.

Más allá de ese sentimiento general de ser católico, la investigación que rodea el cuarto signo de un Católico Dinámico reveló algunas conclusiones interesantes. Primera, aún entre los católicos muy comprometidos, la Evangelización es el eslabón más débil de la cadena, Cuando se les pidió que se dieran una puntuación entre 1 y 10 por cada uno de los cuatro signos, el 7% se asignó 6.8 o más para la Oración, el Estudio, y la Generosidad, pero sólo el 4.9 por la Evangelización.

Cuando se les preguntó si se consideraban evangelistas, un número abrumador de los que respondieron dijeron que no. Cuando se les pidió que nombraran a un evangelista, más del 85% de católicos muy comprometidos citaron a un predicador cristiano evangélico no católico. Es significativamente interesante notar que en el curso de las entrevistas la persona más comunmente mencionada en cualquier contexto fue Juan Pablo II. Pero cuando se les preguntó a los entrevistados quién es un evangelista, Juan Pablo II no fue mencionado. Esto me sorprendió en particular, considerando que él predicó el Evangelio a más personas que ninguna otra persona en la historia.

Así que aunque la Evangelización es una conducta esencial entre los católicos muy comprometidos, ellos tienden a hacerlo de una manera más pasiva de lo que uno pueda esperar. Una de las preguntas que se les hizo fue, "¿Cuál es el mejor libro católico que han leído?" Después de responder se les pregunó qué habían hecho con el libro cuando terminaron de leerlo. Invariablemente, dirían algo como, "Oh se lo di a mi amiga Susana en el trabajo". Se les hicieron preguntas similares sobre el mejor disco compacto católico que habían oído. De nuevo, con inequívoca consistencia oímos respuestas como, "Se lo envié a mi hijo en California, que está luchando con…" De una manera muy natural y no amenazante estaban tratando de compartir la fe con otras personas en su círculo de influencia pasándoles libros y discos compactos.

Cuando se les preguntó a los Católicos Dinámicos qué hicieron para tratar de compartir con otras personas, sus seis respuestas principales fueron:

1. Pasar libros y discos compactos.
2. Invitar a personas a eventos católicos.
3. Llevar una perspectiva devota a las conversaciones.
4. Aprender las enseñanzas católicas sobre ciertas cuestiones y poder articularlas cuando la Iglesia sea atacada acerca de esas cuestiones en un ambiente social.
5. Ayudar a las personas a descubrir respuestas a las preguntas que las hace dudar de la fe católica.
6. Demostrar el amor de Dios a través de una amistad fiel y generosa.

Cuando se les preguntó acerca de su primer intento consciente para compartir la fe con otras personas, todos describieron el reto de ir más allá de su zona de confort, y pareció estar en consenso que los primeros esfuerzos fueron intentos ansiosos y difíciles de evangelizar.

Increíblemente, cuando se les preguntó si alguna vez alguien les había enseñado a evangelizar, el 99.4% de los que respondieron dijeron que no.

Pero lo que se demostró una y otra vez a lo largo de la investigación es que el primer y el segundo signo (Oración y Estudio) tienden a dar a luz al tercero y al cuarto (Generosidad y Evangelización). El cuarto no se puede aumentar aisladamente. Los tres primeros signos hacen que el cuarto sea posible.

En resumen, pienso que la investigación señala una buena noticia y una mala noticia en el área de la Evangelización. La mala noticia es que como católicos estamos haciendo un trabajo muy pobre en lo que respecta a evangelizar a la sociedad en que vivimos hoy en los Estados Unidos. La buena noticia es que nunca hemos tratado realmente de hacerlo. La mayoría de los católicos nunca ha sido enseñada a evangelizar de una manera sistemática, ni ha sido convencida de por qué debe hacerlo.

El futuro de la Evangelización depende de nuestra habilidad para conquistar personas para Cristo y para Su Iglesia, para desarrollar a las personas en Cristo y en Su Iglesia, y para desarrollar también programas que enseñen a las personas a evangelizar. Sólo entonces podremos enviarlas a cambiar el mundo de una manera significativa.

Vivir Contagioso

Cuando se trata de la Evangelización, parece que la cita favorita de los católicos es de Francisco de Asís: "Prediquen el Evangelio en todo momento y cuando sea necesario, usen palabras". Aquí hay que considerar dos cosas. Primera, él dijo que se predicara el Evangelio en todo momento. Segunda, él no dijo que nunca se usaran palabras. La cita se usa con demasiada frecuencia como una excusa para no predicar el Evangelio y, especialmente, para no evangelizar activamente.

La Evangelización es para la Iglesia lo que respirar es para una persona. Si dejamos de hacerlo por mucho tiempo moriremos. En esta área, la Iglesia ha estado en una máquina que mantiene su vida por décadas. Y la verdad es que nuestra misión es evangelizar. Existimos para evangelizar. Es nuestra misma existencia. Pero estamos desatendiéndola, y tal vez es por eso que nuestra misma existencia está siendo amenazada en diferentes lugares. ¿No es olvidar la razón de nuestra existencia la forma suprema de amnesia espiritual?

¿Cómo empezamos? Lo hacemos de la misma manera que somos llamados a empezar con cada uno de los cuatro signos: con el más pequeño de los pasos no amenazadores. El mejoramiento continuo se puede aplicar a cada uno de los signos para obtener resultados increíbles.

Lo más fascinante de regalar todos los libros en la Navidad y en la Pascua de Resurrección fue que adentro de la contraportada del libro colocamos un anuncio invitando a las personas a visitar DynamicCatholic.com si les gustaba el libro y solicitar seis copias más a un costo muy bajo. Cada semana enviamos miles de libros en respuesta a este sencillo anuncio. Algunas personas dirán, "Es magnifico que estén vendiendo tantos libros". Otras dirán, "Es fabuloso que estén haciendo llegar el mensaje a tantas personas". Pero aquí la verdadera victoria es que le hemos dado a los católicos una manera sencilla de evangelizar. Las personas no compran seis copias para ellas mismas – están dándoselas a familiares y amigos.

¿Ven ustedes? Si somos honestos unos con otros, pienso que podemos estar de acuerdo en que la mayoría de los católicos no se siente demasiado cómoda o no es competente hablando sobre su fe con otras personas. Pero lo que el pequeño experimento antes mencionado prueba es que la mayoría de los católicos se siente cómoda dándole un libro a alguien. Hemos visto funcionar la misma idea con nuestro programa de discos compactos.

De modo que aquí está el paso de acción: Tratar de hacer una cosa cada semana para compartir la fe con alguien que cruce su camino. Quizás decirle que van a rezar por él y por la situación de la que les habló. Tal vez darle a ella un libro o un disco compacto. Quizás presentar la perspectiva de Dios en una conversación. O tal vez invitar a alguien a un evento católico. Hagan justamente una cosa cada semana. Puede ser algo tan simple como compartir una estadística o un hecho sobre los católicos con otra persona: "¿Sabía que en los Estados Unidos la educación católica le ahorra a los contribuyentes dieciocho millones de dólares al año?" O quizás inscribirse para recibir un correo electrónico de una organización católica diaria o semanalmente y enviárselo a distintos amigos dependiendo del contenido.

Si cada miembro de su parroquia hiciera una cosa cada semana para compartir la fe con otras personas, ¿cuán diferente sería su parroquia de hoy en un año? Si cada católico en los Estados Unidos hiciera tan sólo un pequeño acto de evangelización cada semana, ¿cómo crecería la Iglesia en los próximos diez años?

Poco a poco podemos ejercer un impacto enorme. Simplemente no dejen que lo que no pueden hacer interfiera con lo que pueden hacer. ¿Van a tener que salir de su zona de confort? Sí, pero también pueden hacerlo poquito a poco.

Si colocan un cubo debajo de una llave que gotea, ¿qué pasa? El cubo se llena gota a gota y después se derrama. Los aspectos de Conquistar y Desarrollar de la jornada católica son las gotas de agua; la etapa de Enviar es lo que se derrama. Si el cubo es sólido y la llave está goteando, tiene que derramarse finalmente. No hay otra alternativa.

Cuando el catolicismo se vive entusiástica y generosamente, es increíblemente atractivo. De esta manera nuestra vida se vuelve contagiosa.

Cuando se trata de la Evangelización, me parece que otra vez estamos plagados del enfoque "vamos a ver qué pasa". Estamos paralizados por la falta de acción. Quizás sea porque no sabemos qué hacer o cómo hacerlo, pero si ese es el problema realmente, entonces resolvámoslo seriamente. Tal vez sea porque muchos de nosotros no han sido conquistados y desarrollados suficientemente todavía.

Empezamos con la pregunta, "Si pudieran cambiar el mundo, ¿qué cambiarían?" Aquí está la cosa. Podemos cambiar el mundo y ustedes pueden desempeñar un papel en ello. De hecho, ningún grupo u organización está en una posición mejor para cambiar el mundo que los católicos.

RESUMEN DEL CAPITULO

EVANGELIZACION

- El mundo está como está hoy debido a la conducta humana. El mundo está cambiando constantemente para mejorar o para empeorar. ¿Qué lo hace mejor o peor mañana? La manera en que vivimos hoy.

- Imaginen toda la miseria que se podría evitar si todos viviéramos según la sabiduría vivificante contenida en los Diez Mandamientos. Piensen por un momento en todo el sufrimiento causado por la falta de disposición de la humanidad para adoptar un patrón de conducta y una estructura social que celebren la sabiduría de los Diez.

- Toda gran civilización se ha preocupado por la pregunta: ¿Cómo es la mejor manera de vivir? El rigor con que una persona o una cultura enfoque esta pregunta es muy revelador. Es de una importancia que perturba notar que a la cultura actual virtualmente no le interesa perseguir esta pregunta. Hoy estamos más interesados en cómo queremos vivir que en descubrir la mejor manera de vivir.

- En nuestra búsqueda para descubrir la mejor manera de vivir, descubrimos tres principios universales:

- El Primer Principio: Están aquí para convertirse en la mejor versión de ustedes mismos.

- El Segundo Principio: La virtud es el supremo principio organizador, ya sea en la vida de una persona, en el matrimonio de uno, o en la vida de una nación.

- El Tercer Principio: Es mejor vivir con auto-control que sin él.

- La respuesta de Jesús a la mejor manera de vivir fue, "Amarás al Señor tu Dios con todo tu corazón, con toda tu alma, y con toda tu mente ... y amarás a tu prójimo como a ti mismo". (Mateo 26:37-39)

- Dios quiere conquistarlos con Su amor y Su sabiduría; Dios quiere desarrollarlos espiritualmente para que tengan el conocimiento y los hábitos para vivir en Su amor y caminar en Sus caminos; y Dios quiere enviarlos al mundo para compartir Su amor con los demás, Conquistar. Desarrollar. Enviar.

- Hay tres maneras en que las personas son conquistadas: por medio de la verdad, de la belleza, y de la bondad.

- Entre los católicos muy comprometidos que fueron entrevistados como parte de la investigación, el 89% describió una experiencia de conversión – un evento en su vida que los conquistó para una relación más comprometida con Dios.

- Dios quiere desarrollar una espiritualidad dinámica en ustedes. El quiere que nuestras parroquias ayuden a las personas de todas las edades a desarrollar una vida espiritual para que por medio de nuestras rutinas espirituales regulares El pueda construirnos y refinarnos a Su imagen. No es suficiente que esperemos a que esto pase. Necesitamos un proceso y una intencionalidad. Estos son dos de los ingredients claves de una evangelización efectiva. No va a pasar simplemente. Necesitamos un plan.

- La amistad es la manera más efectiva y natural de compartir la fe con otros.

- Las personas no fracasan porque quieren fracasar. Fracasan porque no saben cómo tener éxito.

- A través de las etapas de la Conquista y el Desarrollo, una de las cosas que los pasa a las personas es que empiezan a sentirse bien de ser católicos. No hablamos lo suficiente de esto. En el contexto de una discusión teológica o del gobieirno de la Iglesia esto parece ser un poco suave, pero es absolutamente esencial para la vida y el crecimiento de la Iglesia. Los católicos muy comprometidos se sienten bien de ser católicos. Son católicos inspirados.

- La investigación que rodea el cuarto signo de un Católico Dinámico reveló algunas conclusiones interesantes. Aún entre los católicos muy comprometidos, la Evangelización es el eslabón más débil de la cadena. Cuando se les pidió que se dieran una puntuación entre el 1 y el 10 por cada uno de los cuatro signos, el 7% se dio el 6.8 o más por la Oración, el Estudio y la Generosidad, pero tan sólo el 4.9 por la Evangelización.

· Cuando se les preguntó a los Católicos Dinámicos qué hacían para tratar de compartir la fe con otras personas, sus seis respuestas principales fueron:

1. Dar libros y discos compactos.

2. Invitar a personas a eventos católicos.

3. Llevar una perspectiva devota a las conversaciones.

4. Aprender las enseñanzas de la Iglesia sobre ciertas cuestiones y a poder articularlas cuando la Iglesia es atacada sobre esas cuestiones en un ambiente social.

5. Ayudar a las personas a descubrir respuestas a las preguntas que las hacen dudar de la fe católica.

6. Demostrar el amor de Dios por medio de una amistad fiel y generosa.

Asombrosamente, cuando se les preguntó si alguna vez alguien los había enseñado a evangelizar, el 99.4% de los que respondieron dijeron que no.

La Evangelización es para la Iglesia lo que respirar es para una persona.

· Cada semana, traten de hacer una cosa para compartir la fe con alguien que cruce su camino.

· El cuarto signo de un Católico Dinámico es la Evangelización.

CONCEPTOS CLAVES:

La Mejor Manera de Vivir; Virtud; Auto-control; Evangelización;
Conquistar, Desarrollar, Enviar.

Capítulo Seis

UN NUEVO NIVEL DEPENSAR

"SI SON LO QUE DEBEN SER incendiarán el mundo".
Estas palabras fueron famosamente escritas en el siglo XIV por
Catalina de Siena. Es una idea fascinante por un número de
razones. Todos tenemos un sentido de lo que somos capaces de
ser, y un sentido de que no estamos realmente viviendo a la altura
de nuestro potencial. Mas la cita también indica correctamente
que hay consecuencias naturales para todo el mundo cuando
encontramos y vivimos nuestra misión en la vida. Cuando somos
fieles a quien Dios nos creó para ser, y a lo que Dios nos llama
a hacer, cosas increíbles pasan. Lo opuesto de la cita también es
verdad: Si no son lo que deben ser, no incendiarán el mundo.

Hoy, necesitamos considerar esta idea desde tres perspectivas:
como individual, como parroquia, y como Iglesia. ¿Somos lo que
debemos ser como individuos? ¿Es su parroquia la mejor versión
de sí misma? Como Iglesia, estamos siendo fieles a quien Dios nos
creó para que fuéramos, y a lo que Dios está llamándonos a hacer?

Si realmente pensamos en estas preguntas, creo que llegamos
a la conclusión que en los tres niveles – como individuos, como

parroquia, como Iglesia – realmente no somos quienes debemos ser. Se llega a esta conclusión porque la evidencia sugiere que no estamos incendiando el mundo.

Durante los primeros días del movimiento de derechos civiles, James Weldon escribió, "Necesitamos poner un espejo ante este país". De la misma manera, creo que necesitamos poner un espejo ante nuestra vida, nuestra parroquia, y nuestra Iglesia. No podemos ser quienes debemos ser o hacer lo que fuimos llamados a hacer si no tenemos momentos regulares de honesto auto-examen. Necesitamos vernos en el espejo – la belleza y las verrugas. El camino hacia un futuro vibrante y relevante requiere una honestidad rigurosa acerca de nuestras fortalezas y nuestras debilidades, y la disponibilidad para cambiar y crecer.

El punto de partida de un auto-examen riguroso es una evaluación de dónde estamos hoy.

Yo he dedicado mucho de mi vida de adulto a alentar a las personas a abrazar el genio del catolicismo, y tengo la intención de seguir haciéndolo. Algunos días estoy seguro de estar haciendo la diferencia, pero otros me siento terriblemente desalentado. ¿Ven? En los momentos de silencio, cuando estoy solo con mis pensamientos, estoy profundamente abrumado acerca del estado de la Iglesia.

La marea sobre el catolicismo está bajando. Más de treinta millones de americanos ahora se consideran ex-católicos. Ese es el diez por ciento de la población de los Estados Unidos, más de toda la población de veinticinco estados, o más de toda la población del Canadá. Ex-católico es ahora la segunda afiliación religiosa más grande en este país, después de católico. Los jóvenes adultos están abandonando la Iglesia en una proporción alarmante. De los que permanecen, los retos más grandes son la desconexión y la indiferencia que engendra.

Más del setenta por ciento de los católicos americanos no va a la iglesia el Domingo. Solamente el 17% va todos los Domingos. El compromiso entre los que van a la iglesia es marginal a lo sumo. Los jóvenes en particular están yéndose de la iglesia a una velocidad que asusta y no están volviendo más tarde en la vida. Entre los jóvenes adultos, de veinte a treinta años de edad, menos del 15% va a Misa cualquier Domingo. Nos hemos dicho que volverán cuando se casen o tengan hijos, pero no están volviendo. El número de bodas católicas ha disminuido cada año en los Estados Unidos; unas sesenta mil en las últimas cuatro décadas, aún cuando el número de católicos ha aumentado más de dieciseis millones durante el mismo período. Hemos cerrado más de tres mil parroquias en los últimos veinte años. En los Estados Unidos hemos cerrado una escuela católica cada cuatro días por veinte años. Las vocaciones están aumentando pero aún son insuficientes. En diez cortos años, tantas parroquias americanas como el cincuenta por ciento no tendrán un sacerdote residente. Muchas parroquias y diócesis enteras tienen serios problemas económicos. Estamos fallando en hablar de las verdaderas cuestiones de la vida de las personas. El católico promedio tiene un entendimiento elemental de la fe. Muchos católicos están avergonzados de ser católicos. Todas estas cuestiones están interrelacionadas.

Cualquier otra organización estaría alarmada; sin embargo, nuestra actitud parece ser "estamos abiertos". ¿Cuándo fue la última vez que vieron un restaurante de McDonald cerrado? ¿Cómo respondería la compañía si tuviera que cerrar tres mil de sus restaurantes?

Aún más abrumador es que mucha de nuestra planificación tanto a nivel nacional como a nivel diocesano está enfocada en tratar con el reto de encoger la Iglesia en las próximas décadas. La idea de que este éxodo continuará parece haber sido aceptada por muchos de nuestros líderes como si no hubiera algo que pudiéramos hacer sobre eso, como si fuera un hecho consumado. ¿Están ustedes bien con eso? Yo no. Quisiera ver que se hace algo para detener y darle vuelta a la corriente. Además, ¿no está la idea de una Iglesia más pequeña en conflicto directo con nuestra misión?

Si están preguntándose qué pasará si seguimos en nuestro camino actual, simplemente miren al otro lado del Océano Atlántico. En Europa la situación es todavía peor, y aquí encontramos una profecía de lo que podemos esperar si no respondemos a los signos que ahora estamos discutiendo de una manera distinta a la que lo han hecho ellos. En Europa, el cristianismo, y el catolicismo en particular, está siendo marginado por el secularismo y el socialismo a una velocidad creciente. Hoy, en muchos países, la asistencia a la iglesia es la mitad de lo que estamos describiendo como una crisis en los Estados Unidos. Alemania tiene el 12% de asistencia a la Misa dominical, Italia tiene el 11%, Francia el 4%, y los países escandinavos alrededor del 1%. En Irlanda, la Iglesia Católica está destruyéndose. Inglaterra está entre las luces brillantes del mundo católico en Europa Occidental en estos momentos: el catolicismo es otra vez la religión dominante por primera vez desde Enrique VIII y la Reforma, la cual impulsó la escisión del cristianismo. En mi propia patria, Australia, el secularismo está afectando a los católicos de la misma manera que lo ha hecho en las naciones más avanzadas. Demasiadas personas parecen aburridas, hartas, y desinteresadas de todas las cosas espirituales, particularmente de la religión organizada y especialmente de la Iglesia Católica. Hay un proverbio chino que dice, "Sino cambiamos nuestra dirección, es probable que acabemos en el lugar hacia donde estamos yendo". Es hora de considerar esto.

El Camino Hacia Adelante

¿Cuál es el problema? Para ponerlo en los términos más sencillos, lo que estamos haciendo no está funcionando. Decenas de millones de católicos americanos han dejado la Iglesia, millones más se están yendo cada año, y entre los que quedan el nivel de desconexión es asombrosamente alto.

La investigación realizada por el Instituto del Católico Dinámico (Dynamic Catholic Institute) y otras organizaciones sugiere que la razón de este problema es que la Iglesia Católica en los Estados Unidos está fallando en encontrar a las personas donde están y en hablar significativamente sobre las cuestiones reales que las preocupan en su vida. ¿Cuáles son esas cuestiones?

¿Qué es lo que las personas en nuestros tiempos están luchando para comprender? ¿Por qué circunstancias están hambrientas de soluciones prácticas? Asuntos de dinero, problemas matrimoniales, adicción, el reto de criar hijos, desempleo, trabajos que no satisfacen, ansia de crecer espiritualmente, problemas con su administrador o sus colegas en el trabajo – éstos son los asuntos diarios con los que las personas están tratando y el Evangelio habla de todos ellos de una u otra forma. Sin embargo, parece que somos incapaces de establecer la conexión entre el Evangelio y la vida diaria de los que llenan los bancos. ¿No es obvio que estamos fallando en hablar de una manera significativa sobre los asuntos tan reales de la vida de las personas? Necesitamos hacer la conexión entre la vida y las enseñanzas de Jesucristo y las cosas de la vida real en el siglo XXI.

Con frecuencia les pregunto a mis públicos cuál es la Iglesia Católica más grande de su ciudad. Usualmente alguien dice, "Santa María" o "San Pablo" o "la catedral". Entonces les pregunto, "¿Es eso porque es la más grande en tamaño o porque la mayoría de las personas van allí el Domingo?" Usualmente dicen que es porque ésta o aquélla parroquia tiene el mayor número de feligreses inscritos.

Entonces explico que probablemente están equivocados, y que lo más probable es que Santa María o San Pablo o la catedral no sea la iglesia católica más grande en su área. Que probablemente hay una iglesia no confesional a la que más católicos van todos los Domingos que a la iglesia que ellos identifican. Más del 50% de la población de estas iglesias son ex-católicos, y muchas de las iglesias son enormes. Millones de ex-católicos acuden a esos lugares todos los Domingos.

¿Por qué va allí la gente? La mejor pregunta es, ¿por qué está la gente acudiendo allí con un entusiasmo desenfrenado? Si piensan que es por el café y por los asientos de stadium, están muy equivocados. Es porque se sienten acogidos, experimentan una sensación de comunidad, el mensaje habla de las cuestiones reales de su vida, y están dirigidos continuamente a crecer espiritualmente de maneras prácticas.

Nuestros hermanos cristianos no-católicos son muy superiores en encontrar a las personas donde están y en hablar de las cuestiones reales de su vida, y mientras sean así continuarán conquistando a millones de católicos para que se alejen de nuestros bancos y vayan a sus mega iglesias todos los años.

Aunque nada de esto es un secreto en particular, nuestra respuesta ha sido ignorar su éxito hablando de las cuestiones reales de la vida de las personas y ayudando a personas comunes a crecer espiritualmente. No puedo decirles cuántas veces oigo a maestros y líderes católicos burlarse de su enfoque, como si nuestro enfoque fuera superior aún cuando está fallando.

Seamos realistas, por décadas hemos sabido que el católico promedio juzga su experiencia de la Misa según la cualidad de la música y de la homilía. De modo que ¿por qué no las hemos perfeccionado? ¿Estaríamos comprometiéndonos de alguna manera si la gente saliera de la iglesia el Domingo verdaderamente inspirada por la música y la homilía? En vista de que hemos sabido que éstas son las dos cosas que tienden a atraer a los católicos desconectados en la Misa, ¿por qué no ha habido una iniciativa enfocada a mejorar la cualidad de ambas? Me doy cuenta de que no son los aspectos más importantes de la Misa; pero, claramente, son un puente o un obstáculo para la mayoría de la gente.

Menospreciar a los desconectados o criticarlos por no estar más comprometidos no hace que se vuelvan comprometidos.

Hablando de esto, una tendencia perturbadora que he notado es que hoy día, entre los que dirigen la Iglesia en todos los niveles (tanto laicos como clérigos), cada vez se habla más sobre la Iglesia y menos sobre Dios. Con frecuencia parece que se ha olvidado que las personas no existen para la Iglesia, sino que la Iglesia existe para las personas. ¿Es nuestra prioridad preservar la institución o servir a las personas que la institución existe para servir? ¿Se preocupa Dios más por Su pueblo o por la institución de la Iglesia?

¿Conocen a alguien que piense que todo está bien en la Iglesia Católica en los Estados Unidos? ¿Piensa alguien que, sin lugar a dudas, la Iglesia está encaminada en una gran dirección? Yo no. Así que, con seguridad, todos podemos estar de acuerdo con que nuestra respuesta actual a los problemas que enfrentamos como Iglesia ha sido deplorablemente inadecuada.

¿Es la Iglesia Católica la mejor versión de sí misma? Y de todas las cosas en este mundo, ¿no debíamos trabajar para hacer que así fuera, o por lo menos guiarla en esa dirección? ¿Es la Iglesia un faro de excelencia en el mundo?

No conozco a alguien que diría que la Iglesia Católica está ejecutando hoy su misión en el mundo con gran efectividad y eficiencia. Por supuesto, hay bolsas de excelencia y de éxito.

Sistemas y procesos más efectivos para identificar y compartir estas prácticas supremas dondequiera, deben ser parte de un nuevo nivel de pensar.

Compartir las mejores prácticas requiere un nivel de colaboracin que está poco desarrollado en la Iglesia Católica, por no decir más. Nuestro modelo provinciano no se presta para esto de una manera natural. Una de las razones por la que estamos empleando tanto tiempo y tantos recursos en desarrollar programas de talla universal para los Momentos Católicos (Bautismo, Primera Reconciliación, Primera Comunión, Confirmación, Preparación Matrimonial, Rito de Iniciación Católica de Adultos, Cuaresma, y Adviento) en el Instituto de El Católico Dinámico (The Dynamic Catholic Institute) es porque los recursos disponibles para ellos no están atrayendo a la gente.

Una de las primeras preguntas que hicimos cuando nuestro equipo empezó a trabajar en estos programas fue: ¿Por qué no se han desarrollado programas de talla universal en cada una de estas áreas? Por ejemplo, en los Estados Unidos, un millón de católicos experimenta la Confirmación cada año. Claramente, se necesita un programa de primera que sea muy atractivo. Así que ¿por qué no tenemos uno? Podemos aprender mucho de la respuesta. Con demasiada frecuencia estamos más preocupados por nuestras prácticas que por las mejores prácticas. Tomamos el enfoque de Frank Sinatra y lo hacemos a "mi manera".

El resultado es que hoy hay quince mil parroquias en los Estados Unidos y quince mil programas de Confirmación diferentes. Puede ser que muchos de ellos sean buenos, algunos pueden tener momentos realmente geniales, y todos están desarrollados por personas muy bien intencionadas, pero ni uno solo es verdaderamente de talla mundial.

Aquí se halla la perspicacia clave que me convenció para emprender la tarea enorme de desarrollar pragramas para cada uno de los Momentos Católicos: Ninguna parroquia en los Estados Unidos tiene suficiente talento o dinero para desarrollar los mejores programas del mundo. Si queremos hacer estas cosas bien, necesitamos unirnos y colaborar para que se conviertan en realidad. Necesitamos buscar los mejores aspectos de todo lo que esté disponible hoy, y unir a las mejores mentes católicas de nuestro tiempo, si hemos de producir algo verdaderamente extraordinario. Y, en mi opinion personal, necesitamos encontrar una manera de hacer estos recursos disponibles a las parroquias gratuitamente o a muy poco costo una vez que se hayan desarrollado. No hay razón para tener programas de talla mundial si la mitad de las parroquias no dispone de los medios para comprarlos.

Necesitamos desarrollar un hambre de mejores prácticas.

Para el futuro del catolicismo, es esencial que nos demos cuenta que el pensamiento que nos trajo aquí probablemente no transformará la Iglesia en una institución dinámica y relevante en nuestro tiempo. Si la Iglesia ha de volver a ser vibrante, es de vital importancia que empecemos a pensar a un nivel totalmente nuevo. Albert Einstein observó, "Los problemas significativos que enfrentamos no pueden ser resueltos con el mismo nivel de pensar en que estábamos cuando los creamos".

Cuando digo esto no estoy hablando de desechar doctrinas y dogmas o de invalidar tradiciones. Me doy cuenta de que tales palabras pueden ser interpretadas como tal. Sino que más bien estoy sugiriendo que podemos operar y comunicar de una manera mucho más efectiva si empezamos a pensar en un nivel nuevo.

Necesitamos un Elemento de Cambio

¿Qué tomaría hacer de su parroquia la iglesia por la que todos están curiosos en el pueblo? ¿Qué tomaría hacer que su iglesia fuera a la que en su área todos tienen que ir siquiera una vez para ver qué tal es? Los que planean abrir una mega iglesia pasan semanas y meses pensando sobre cuestiones como éstas. Estudian el área y las características demográficas, y se dirigen a ciertos grupos – y los católicos siempre son uno de los grupos a los que se dirigen. Puede que sea la pregunta correcta y puede que no. Pero yo pienso que demuestra que están pensando en un nivel distinto al nivel en que estamos nosotros. Necesitamos un nivel de pensar nuevo.

El primer paso hacia este nuevo nivel de pensar es dejar de jugar a la defensiva. Me encantan los deportes. ¿Qué deportes? Cualquier deporte. Me encanta verlos y jugarlos. Hay algo acerca de los deportes que captura la esencia de la vida. La lucha que es la vida, y la búsqueda del espíritu humano. También me encanta el catolicismo, aunque estoy profundamente preocupado por nuestro enfoque actual.Una cosa que me pasa es que no sé de deporte alguno en que se pueda ganar jugando a la defensiva solamente, y la Iglesia Católica ha estado jugando a la defensiva por muchísimo tiempo. La mayoría de los entrenadores les dirán que la mejor forma de defensa es una buena ofensiva. Pero hemos estado jugando a la defensiva por décadas, por más tiempo que el que yo he estado vivo. El cristianismo es pro-activo por su propia naturaleza. Nuestra postura actual pasiva y defensiva no es cristiana. Es hora de que salgamos del modo de mantenimiento y volvamos a enfocarnos en nuestra misión. Es hora de empezar a jugar un poco a la ofensiva. Necesitamos un nuevo nivel de pensar. El pensar antiguo es pensar a la defensiva.

A lo largo de este libro hemos explorado un número de conceptos claves: mejoramiento continuo; espiritualidad aumentable; aprendizaje continuo; las mejores prácticas; elementos de cambio; transformación personal; "¡Yo puedo hacer eso!"; intencionalidad; compromiso y desconexión; encontrar a las personas donde están; Conquistar, Desarrollar, Enviar; obtienen lo que miden; el principio 80/20; y el modelo de los cuatro signos, para mencionar sólo uso cuantos. Estos conceptos claves representan un nuevo nivel de pensar. En gran parte, han desaparecido de nuestro enfoque actual, y eso tiene que cambiar. Empiecen a pensar en cuán bien aplican estos conceptos claves en su vida. Cada vez que se envuelvan en su parroquia de cualquier manera, traten de aplicar uno de estos conceptos claves.

Yo he pasado veinte años viajando por el mundo. He visitado y he servido a las parroquias católicas en más de cincuenta países, y en los Estados Unidos he visitado más de dos mil parroquias. Inspirar a las personas para que descubran el genio del catolicismo es una de mis pasiones. Paso el ochenta y cinco por ciento de mi tiempo luchando por esta pasión. Pero cada mes, entro por cuatro días en un campo muy diferente: el mundo corporativo de los Estados Unidos. En estos días trabajo con algunas de las compañías más admiradas del mundo. Yo paso el 15% de mi tiempo ganándome la vida como asesor de empresas. Mi trabajo: ayudar a las personas de una compañía a lograr el máximo rendimiento personal y profesionalmente, y a encontrar elementos de cambio para su negocio.

¿Qué es un elemento de cambio? Es una idea, una estrategia, un producto o servicio, un proceso o una persona que puede crear un gran adelanto y llevar a una organización al próximo nivel.

Michael Jordan fue un elemento de cambio para los Bulls de Chicago. El iPod lo hizo para Apple. El proceso digital de animación de Pixar lo hizo para Disney. Tiger Woods fue un elemento de cambio para el golf. El sistema de eliminación de actividades inútiles y aún entregar productos de calidad a tiempo, al menor costo y con mayor eficiencia (lean manufacturing) lo hizo para la industria automotriz americana. La idea que volar podía ser divertido lo hizo para la línea aérea Southwest. El desayuno lo hizo para McDonald's. Los teléfonos celulares y la Internet fueron elementos de cambio para el mundo entero

El asunto de los elementos de cambio es que en retrospectivas pueden parecer ridículamente obvios y simples. Cuando la mayoría de las personas anda buscando un elemento de cambio, usualmente emplean su tiempo y su energía en busca de esa idea enorme que lo cambiará todo. Pero la realidad es que la mayoría de los elementos de cambio son pequeños y simples. Es la simplicidad de un elemento de cambio lo que hace posible su implementación y amplia adopción.

En los Estados Unidos, la Iglesia Católica necesita un elemento de cambio. Esto significa implícitamente que la mayoría de los católicos también necesita un elemento de cambio para su espiritualidad individual. Yo espero que los cuatro signos serán ese elemento de cambio.

Los Cuatro Signos

La investigación muestra que si se ayuda a católicos a desarrollar hábitos en cada uno de los cuatro signos con resultados enfocados y específicos en mente, se convierten en unos de los católicos más comprometidos.

Imaginen qué pasaría si desde nuestro primer contacto con católicos, de niños, les engranáramos los cuatro signos como hábitos para toda la vida. Imaginen si preparáramos nuestros programas catequéticos y educativos para alimentar y desarrollar los cuatro signos. Imaginen si cada Domingo su sacerdote o su diácono hiciera una conexión en su homilía entre el Evangelio y uno de los cuatro signos. Imaginen la intencionalidad que promoveríamos.

Le pedí a un sacerdote que imprimiera los cuatro signos en su boletín cada semana. Después le pedí que cada Domingo, al principio de su homilía dijera, "El Evangelio de hoy se trata del tercer signo!" o "En el Evangelio de hoy Jesús nos habla del primer signo". Era sólo una línea al comienzo de cada homilía, pero provocó intencionalidad, y fue asombrosa la manera en que su congregación respondió.

Esto lo sé con seguridad: Sólo un pequeño grupo de personas hace el esfuerzo para desarrollar una rutina diaria de oración si no se les enseña a hacerlo. Todavía menos desarrollan el hábito de aprender y estudiar continuamente a menos que sean guiadas de una manera práctica. Las personas no se convierten en campeonas de generosidad sin algún entrenamiento acerca del tema. Y los chances de que alguien se vuelva apasionado y efectivo con respecto a la evangelización sin algún entrenamiento en esta área son casi cero. Estas cosas no pasan por sí mismas; requieren verdadera intencionalidad. Los cuatro signos proveen el contexto para esa intencionalidad, lo cual podría ser el elemento de cambio que estamos buscando.

Imaginen si una parroquia enfocara los cuatro signos con un plan de cuatro años. Para el primer año se enfoca en ayudar a todas las personas de la parroquia a desarrollar una rutina diaria de oración. En el segundo año, la parroquia enfoca ayudar a sus miembros a convertirse en aprendices continuos. El tercer año se dedica a enseñar sobre el papel de la generosidad en su vida y a volverse más generosos, como parroquia y como individuos. En el cuarto año implementamos un sistema de evangelización.

Tan sólo ayudarlos a todos en la parroquia a desarrollar una rutina diaria de oración sería un elemento de cambio completo para cualquier parroquia.

Ahora llévenlo un paso más allá. Imaginen si toda una diócesis se comprometiera con un plan de cuatro años para educar a sus feligreses en los cuatro signos.

Mas tal vez estoy equivocado. Quizás los cuatro signos no sean el elemento de cambio. Estoy abierto a eso. Pero si ese es el caso, ocupémonos en buscar el elemento de cambio que la Iglesia Católica en los Estados Unidos necesita tan desesperadamente hoy. Goethe escribió, "Sean audaces y fuerzas poderosas vendrán en su ayuda". Es audacia lo que la Iglesia Católica necesita hoy en todos los niveles. Las fuerzas poderosas que vendrán en nuestra ayuda son el Padre, el Hijo, y el Espíritu Santo. Ellos están consternados por nuestra timidez, la cual es la marca de un mundano tibio. "Be Bold, Be Catholic" / "Sean Audaces, Sean Católicos". Este es nuestro lema en Católico Dinámico. Y si podemos armarnos de valor para esta audacia, algo maravilloso pasará. ¿Qué surgirá, pues, de esta audacia? Una visión católica para nuestro tiempo.

A menos que una gran visión católica para nuestro tiempo surja, la desaparición lenta continuará. Proverbios 29:18 lo afirma claramente: "Si no hay visiones, el pueblo perecerá".

Gandhi tuvo una visión para la India, un sueño para su patria. Era esto simplemente. "Una India libre e independiente". El repitió esta visión una y otra vez en sus escritos y en sus discursos, en conversaciones casuales y en entrevistas en los medios de comunicación. En su tiempo, si les hubieran preguntado a los hindúes, ¿"Cuál es el sueño de Gandhi?", les habrían dicho, "Una India libre e independiente". No hubieran recibido docenas o cientos de respuestas distintas. Hubieran recibido sólo una.

Gandhi era un comunicador increíblemente efectivo. Podía haber sido el padre involuntario del marcador moderno, porque la forma en que usó esta simple frase una y otra vez es exactamente la manera en que corporaciones multinacionales engranan sus marcas en nuestro corazón y en nuestra mente hoy. Mi punto es, si les piden a todos en su parroquia que expliquen la misión de su parroquia, ¿cuántas respuestas distintas piensan que obtendrían? Si hoy les piden a setenta y siete millones de católicos en los Estados Unidos que describan brevemente la misión de la Iglesia Católica, ¿cuántas respuestas diferentes piensan que obtendrían?

Para un pueblo movido hacia la misión, nuestra misión está terriblemente indefinida en el mundo moderno. Es imposible separar este descubrimiento del hecho que nuestra organización deja mucho que desear.

Ha habido muchos momentos dinámicos en nuestro pasado, pero en cada caso fueron momentos de enfoque y de rigorosa intencionalidad. ¿Cuándo ha sido la Iglesia más dinámica?

Se puede hacer un caso sólido por la naturaleza dinámica de los primeros trescientos años del cristianismo, todo lo cual tuvo lugar principalmente por el desarrollo de pequeños grupos que alentaron a las personas a compartir su vida.

El gran influjo de nuevos cristianos entrando a la Iglesia durante el reino de Constantino en los años 300, podría ciertamente ser llamado dinámico. También llevó al surgimiento del monasticismo.

A principios de la Edad Media, el desarrollo y el rápido crecimiento de comunidades monásticas ciertamente mostraron un proceso dinámico de crecimiento de la Iglesia. Por medio de sus votos de estabilidad, preservando la erudición del mundo antiguo, estableciendo islas de paz en un mundo caótico, siendo dinamos de oración, se convirtieron en la base de la civilización occidental. Los valores básicos que vivimos y enseñamos hoy fueron preservados y transmitidos por las comunidades monásticas.

La Alta Edad Media, especialmente los 1200, son vistos por muchos historiadores como el pináculo del cristianismo occidental. El surgimiento de catedrales góticas que solamente ocurrió por la colaboración dinámica entre el clero y el laicado en las ciudades medievales; los franciscanos; los dominicos; el surgimiento de universidades; y los escritos de Aquino y Buenaventura, todo surgió durante este período. Todavía vivimos de su legado.

La Contrarreforma fue bastante dinámica, con los cambios institucionales desafiando el status quo, la influencia de las reformas Carmelitas de Teresa de Avila y Juan de la Cruz, Ignacio y los jesuitas, los desarrollos en la vida devota de la Iglesia, las confraternidades de oración y la doctrina cristiana, y las misiones de los franciscanos y los jesuitas en las Américas y en Asia.

Aunque la Iglesia sufría en Europa en los siglos XIX y XX, también fue un período de gran expansión misionera en Africa y Asia. E importante para los Estados Unidos durante este período fueron la expansión de la Iglesia americana, los concilios de Baltimore, el establecimiento del sistema de escuelas católicas, las confraternidades laicas, la expansión de universidades católicas en todos los Estados Unidos y el crecimiento de comunidades religiosas de mujeres.

Pero en términos de lo que tiene que ser el período más dinámico de la Iglesia, tienen que ser los años entre el 33 y alrededor del 150, la experiencia de la Iglesia Apostólica, la cual, por medio del Nuevo Testamento y la Tradición nos ha dado la experiencia de la fe en Jesucristo resucitado. Es en el Nuevo Testamento que tenemos el paradigma central de lo que nuestra vocación cristiana significa. Cuando nos alejamos de la Escritura, nos alejamos de nuestro corazón, ya que solamente podemos encontrar nuestro verdadero corazón en el corazón de Jesús.

Es hora de otro período grande y dinámico en la historia católica.

El Mundo ha Cambiado

Pero el mundo ha cambiado dramáticamente desde siquiera el más reciente de estos períodos dinámicos de la historia católica. La imagen del catolicismo ha sufrido masivamente. La marca católica está deteriorándose. Aprecio que algunos se ofendan por mi referencia a una marca católica, pero ya sea que escojamos aceptarlo o no, tenemos una marca, y tiene problemas.

Las personas han perdido la confianza en nuestra marca. Parece que cada vez que hacemos o decimos algo, alejamos o enfurecemos a un grupo de personas – con frecuencia a grandes grupos de personas. Me doy cuenta de que es necesario si hemos de proclamar la verdad en el mundo, pero ¿no es posible que también hagamos cosas que todo el mundo pueda vitorear?

Quizás sea hora de que otra vez le hagamos algún gran servicio a la humanidad. Yo sé, cada día le hacemos un gran servicio a la humanidad. Pero tal vez sea hora de algo mayor, algo más audaz. Hay tanto que podríamos hacer si audazmente nos pusiéramos detrás de una visión.

Síganme la corriente considerando sólo un ejemplo. No lo considero como el ejemplo supremo, sólo un ejemplo. Si en la próxima década la Iglesia Católica decidiera acabar con la pobreza de los niños en los Estados Unidos, podríamos hacerlo. Es sólo una idea, y tal vez no sea la correcta. Pero esta es la cosa, ¿Quién va a criticar a la Iglesia por tratar de acabar con la pobreza entre los niños en los Estados Unidos?

Si hemos de seguir adelante en un mundo moderno dominado por todo tipo de medios de publicidad, la imagen es importante. Es más importante que nunca antes. Más que la mayoría de las personas, deseo que no lo fuera, pero desear no lo va a hacer así. En este momento, los medios de publicidad están dictando nuestra imagen. Como resultado, si les preguntan a las personas qué les viene a la mente cuando piensan en la Iglesia Católica, las respuestas que obtendrán principalmente rodearán el abuso sexual y la posición de la Iglesia sobre la homosexualidad.

Necesitamos hacer algo grande y audaz, algo que todo el mundo esté de acuerdo en que es una buena cosa, ya sean católicos o no. Necesitamos cambiar la conversación si vamos a involucrar a las personas de nuestros tiempos.

John F. Kennedy se puso de pie y anunció que hacia el final de los sesenta aterrizaríamos un hombre en la luna. Al hacerlo, capturó la imaginación de toda la nación, y estimuló la innovación de mil maneras. Eso es lo que hace la iniciativa audaz.

Si juntos los católicos anunciamos que vamos a acabar con la pobreza de los niños en los Estados Unidos para cuando se termine la década, energizaría y movilizaría a las personas.

La personas siguen misiones audaces. Quieren darle su vida a algo más grande que ellas mismas. Debemos presentarles una visión que las inspire a lanzarse en ella con un abandono imprudente.

La Iglesia Católica en los Estados Unidos está esperando que le den un nuevo ímpetu otra vez. Todo el mundo necesita ser introducido de nuevo al amor y a la sabiduría de Jesucristo. Estas dos realidades están conectadas.

Yo creo que Dios está trabajando en el mundo, en nuestra vida, y en la Iglesia. He visto muchísimas evidencias que apoyan esto en mi propia vida. Yo he sentido la mano de Dios en mi hombro y lo he oído susurrar en mi oído, dirigiéndome siempre que he estado abierto a Su verdad. Y sin embargo, tengo que admitir que me siento confundido cuando me pregunto qué está haciendo Dios en Su Iglesia hoy. Este estado de confusión me lleva a acordarme de que Dios siempre ha trabajado en cooperación con la humanidad, y esto me pone en ese lugar incómodo de cuestionar cuán bien estamos cooperando hoy con Dios en todos los niveles de la Iglesia.

Está inquietantemente claro que nuestros esfuerzos actuales están más enfocados en sobrevivir que en prosperar, en contención que en expansión, en la institución más bien que en las personas que la institución existe para servir. Y un pellizquito aquí y allá no va a cambiar la corriente. De hecho, nuestro enfoque actual está fallando hasta en detener la corriente. ¿Somos suficientemente valientes para reconsiderar nuestra dirección? No lo sé. Lo que sé es que las posibilidades son increíbles. El catolicismo es un gigante dormido. Con más de mil millones de católicos en todo el mundo y casi ochenta millones en los Estados Unidos solamente, imaginen lo que podríamos lograr si pudiéramos despertar al gigante dormido, inspirar un futuro mayor, y alinearnos juntos detrás de un plan audaz.

Fue la búsqueda de un elemento de cambio lo que llevó a la investigación en la cual se basa este libro. Espero que hayan encontrado las ideas en estas páginas útiles. Espero que los hayan inspirado e inquietado. Espero que los hayan consolado en sus aflicciones y afligido en su confort. Espero que estas palabras les hayan dado nuevamente una razón para sentirse realmente bien de ser católicos. Más que todo, que los hayan llenado de esperanza. Sí, tenemos grandes problemas, pero sólo son insuperables si rehusamos enfrentarlos. Sólo son insuperables si rehusamos reunir las mejores mentes de nuestros tiempos e invitarlas a resolver nuestros problemas con nosotros. Son insuperables solamente si los separamos y nos separamos nosotros de Jesús, quien sigue siendo el camino, la verdad, y la vida.

¿Cómo Responderán?

Esta es la verdadera pregunta. ¿Es éste simplemente otro libro o es éste un momento en su vida en el que decidirán subirla un agujero, envolverse más, y ser la diferencia que hace la diferencia?

¿Están listos para dejar que Jesús los lleve al siguiente nivel en su vida espiritual? Cuando suficientes personas respondan que sí a esta pregunta, la Iglesia volverá a ser fresca y vibrante, relevante y llena de energía. La verdadera esperanza en el futuro viene de dárselo todo al presente. Si nos damos generosamente al presente, Dios nos transformará, y a cambio nos usará no sólo para transformar nuestra parroquia y la Iglesia, sino para cambiar el mundo.

En una tierra en la que no hay músicos; en una tierra en la que no hay narradores, maestros, y poetas; en una tierra en la que no hay hombres y mujeres de visión y liderazgo; en una tierra en la que no hay leyendas, santos, y campeones; en una tierra en la que no hay soñadores, con toda certeza, las personas perecerán. Pero ustedes y yo, nosotros, somos los que hacemos música; somos los narradores, los maestros, y los poetas; somos los hombres y mujeres de visión y liderazgo; somos las leyendas, los santos, y los campeones; y somos los que soñamos los sueños. Sentémonos con Dios por unos minutos cada día y soñemos con El y con la visión que El pone en nuestro corazón, salgamos al mundo con un amor contagioso que no puede ser ignorado.

Sean audaces. Sean Católicos (Be Bold. Be Catholic). Cuando la fe católica se vive de verdad, es increíblemente potente.

RESUMEN DEL CAPITULO

UN NUEVO NIVEL DE PENSAR

- "Si ustedes son lo que deben ser incendiarán el mundo".
  – Catalina de Siena

- El camino hacia un futuro vibrante y relevante requiere una honestidad rigurosa acerca de nuestras fortalezas y debilidades, y una disposición para cambiar y crecer. El punto de partida de un auto-examen riguroso es una valoración de donde estamos hoy.

- La corriente está disminuyendo en el catolicismo en América, y seguir actuando como de costumbre no la va cambiar.

- ¿Qué tomaría hacer de su parroquia la iglesia del pueblo que despierte la curiosidad de todo el mundo? ¿Qué tomaría hacer que su iglesia sea, en su área, a la que todo el mundo tenga que ir siquiera una vez para chequearla? Aquéllos que planean abrir una mega iglesia pasan semanas y meses pensado sobre preguntas como éstas. Estudian el área y la población y enfocan ciertos grupos – y los católicos siempre son uno de los grupos que ellos enfocan. Puede que sea lo correcto o puede que no. Pero pienso que demuestra que están pensando en un nivel completamente diferente del nivel en que estamos nosotros. Necesitamos un nuevo nivel de pensar.

- A menos que una gran visión católica surja para nuestro tiempo, la muerte lenta continuará. Proverbios 29:18 afirma claramente, "Donde no hay visión, perecerá la gente".

- A través de este libro hemos explorado un número de conceptos claves: mejoramiento continuo; espiritualidad en aumento; aprendizaje continuo; las mejores prácticas; elementos de cambio; transformación personal; "¡yo puedo hacer eso!"; intencionalidad; envolverse y desconectarse; encontrar a las personas donde están; Conquistar, Desarrollar, Enviar; se obtiene lo que se mide; el principio 80-20 y el modelo de los cuatro signos, para mencionar unos cuantos solamente.

- Estos conceptos claves representan un nuevo nivel de pensar. En gran parte están ausentes de nuestro enfoque actual, y se necesita que eso cambie. Empiecen a pensar sobre cuán bien ustedes aplican estos conceptos claves en su vida. Cada vez que se envuelvan en su parroquia en cualquier forma traten de aplicar uno de los conceptos.

- La Iglesia Católica en América necesita un elemento de cambio. Implícitamente esto significa que la mayoría de los católicos también necesitan un elemento de cambio para su espiritualidad individual.

- Imaginen qué pasaría si intencionalmente organizáramos todo lo que hacemos en la Iglesia alrededor de los cuatro signos. Imaginen si desde la cuna hasta la tumba nos enfocáramos en ayudar a los católicos a desarrollar los cuatro signos.

- ¿Están listos para dejar que Jesús los lleve al siguiente nivel en su vida espiritual? Cuando suficientes personas respondan que sí a esta pregunta, la Iglesia nuevamente se volverá fresca y vibrante, relevante, vigorizada. La verdadera esperanza para el futuro viene de dárselo todo al presente. Si nos entregamos generosamente al presente Dios nos transformará, y a cambio nos usará no sólo para transformar nuestras parroquias y la Iglesia, sino para cambiar el mundo.

CONCEPTOS CLAVES:

Las Mejores Prácticas; Vivir Contagioso; Visión:
Elementos de Cambio; Auto-Examen.

Epílogo

TODO ES SUSCITADO POR ALGO.

¿QUÉ PROVOCA EL COMPROMISO? ¿Qué pasó para que se suscitara un nivel más profundo de interés y compromiso en el 7%? ¿Nacieron Católicos Dinámicos? ¿Son favoritos de Dios?

A propósito, he guardado uno de los hechos más interesantes reunidos de la investigación para cerrar este libro con él, porque pienso que provee un gran punto de partida para las parroquias.

En el Capítulo Cinco escribí:

Entre los católicos muy comprometidos que fueron entrevistados como parte de esta investigación, el 89% describieron una experiencia de conversión — un evento de su vida que los conquistó para establecer una relación más comprometida con Dios. Algunos de ellos usó este lenguaje y lo desribió como una conversión, pero muchos de ellos lo describió con otro lenguaje. Algunos simplemente dijeron cosas como, "¡Esa fue la primera vez que realmente lo entendí!" Algunos "lo entendieron" yendo a un retiro, o a una peregrinación, o a una conferencia; otros lo entendieron leyendo un libro o escuchando un disco compacto, y aún otros lo entendieron cuando experimentaron un evento que cambió su vida o la muerte de un ser querido.

Algo pasa en la vida de un Católico Dinámico para suscitar el compromiso. No son favoritos de Dios. Algo suscita un nuevo nivel de compromiso.

Espero que este libro sea un catalizador para muchos. Pero la investigación reveló que en la mayoría de las parroquias había un catalizador que era responsable por el abrumador número de Católicos Dinámicos. En algunas parroquias fue una experiencia durante un fin de semana como Cristo Renueva Su Parroquia / Christ Renews His Parish (CRHP) o Cursillo, y en otras fueron los pequeños grupos de fe o viajes misioneros. Pero en la abrumadora mayoría de las parroquias, una cosa fue el catalizador para más de la mitad del 7%. ¿Cuál es en su parroquia?

Lo más probable es que algo ya esté funcionando en su parroquia para aumentar el compromiso de una manera efectiva entre su gente. Averigüen qué es y celébrenlo. Por ejemplo, si tienen una parroquia con mil miembros, la investigación sugiere que setenta personas (7%) están manejándolo todo en su parroquia. Averigüen quiénes son esas setenta personas y qué suscitó su compromiso. En una parroquia descubrimos que cincuenta y tres de los setenta habían estado en CRHP (Cristo Renueva Su Parroquia). El párroco de esa parroquia me preguntó cómo esa información debía cambiar la manera en que hacen las cosas. Esto es lo que yo le dije:

"Ustedes han descubierto lo que está funcionando. Ahora usen ese conocimiento para crear una gran intencionalidad en su parroquia. Dejen que esa información cree un mandato audaz para su parroquia—"Nos gustaría que en los próximos tres años ¡todas las personas de la parroquia fueran a un retiro de CHRP (Cristo Renueva Su Parroquia). Entonces mídanlo, publiquen los resulta—dos, dénles las gracias a las personas por responder, y celebren su progreso. Hagan botones que digan, "¡LO LOGRE!". Anúncienlo extensivamente en la parroquia. Menciónenlo en cada oportunidad que tengan en comunicaciones parroquiales formales, enséñenles a las personas que ya lo han hecho a mencionarlo con frecuencia en conversaciones casuales, e inviten personalmente a las personas a asistir. Si saben que este programa es el más efectivo en su parroquia, aboguen por él. Si funciona, enfóquenlo. A propósito, coloquen el catalizador más efectivo en el centro de su vida parroquial".

Estoy esperando ver lo que pasa en esa parroquia.

Una cosa que hay que tener presente es que es posible que el catalizador no sea lo más importante teológicamente, pero es el puente que lleva a las personas de donde están a donde Dios las está llamando a estar. Es el puente que las lleva a las cosas más importantes.

Más que todo, recuerden que las personas necesitan ser invitadas – así que invítenlas. Con frecuencia necesitan ser invitadas muchas veces antes de que respondan. No sean tímidos acerca de eso. Están invitándolas a una vida mucho mejor. Es asombroso cuántas personas tan sólo necesitan que se las invite a profundizar y que se les dé un simple formato que las ayude a hacerlo. Invitar sigue siendo uno de los medios más efectivos para propagar el cristianismo.

Y no importa dónde estén las personas en la jornada, aliéntenlas. Hace unas semanas, un reportero me preguntó, "¿Qué está tratando de lograr?"

Mi respuesta fue, "¡Solamente estoy tratando de alentar a las personas a dar un paso más cerca a Dios cada día!".

En todos estos años que he estado hablando y escribiendo, he estado tratando de encontrar la mejor manera de llegar a las personas. Al final del día, realmente es bastante sencillo: las personas necesitan ser alentadas. La pareja joven luchando con sus hijos dos bancos delante de ustedes en la Misa – necesita ser alentada. El sacerdote, joven o viejo, tratando de guiar a su comunidad – necesita ser alentado. El hombre y la mujer joven que miran a su alrededor preguntándose si son los únicos de su edad en la iglesia – necesitan ser alentados. Todos necesitamos ser alentados. Ser alentado es una de las grandes necesidades de la humanidad y una de las grandes obras del Espíritu Santo.

Danny Wuerffel, ganador del trofeo Heisman, cuenta la historia de una voz que escuchó toda su vida. La escuchó en primer grado, cuando estaba tratando de ganar la carrera. "Danny, ¡tú eres el niño más rápido del grado!", dijo la voz. La ganó. La escuchó en tercer grado cuando volvió la cabeza para mirar el papel de su compañero para hacer trampa en el examen. "Tú eres un buen muchacho, Danny. No hagas trampa". No la hizo. Dijo que había oído esa voz alentándolo y guiándolo todo el tiempo como atleta y competidor de talla mundial.

Miren hacia adelante al nacimiento del primer hijo de Danny. La madre de Danny estaba visitándolos para ayudar con el bebé por un par de semanas. Un día Danny iba caminando y pasó por el cuarto en el que ella estaba meciendo al recién nacido. "Eres tan fuerte Jonás", dijo ella. "Eres tan buen niño". Danny hizo una pausa. Sus palabras sonaban tan familiares.

Más tarde, el mismo día, Danny pasó cerca del cuarto nuevamente. "Eres tan inteligente, Jonás. Qué niño tan maravilloso eres". Danny Wuerffel se echó a llorar. La voz que él había oído toda su vida era la voz de su madre y de su padre. Era la voz del amor y del aliento.

No hay sustituto para el aliento. Espero que este libro los haya alentado. Espero que el gran alentador – el Espíritu Santo – los inspire a volverse un gran alentador para otros. Espero que nuestras parroquias se vuelvan comunidades de aliento, para que juntos podamos volver a proponer el genio del catolicismo a las personas de nuestros tiempos.

SOBRE EL AUTOR

¡Matthew Kelly ha dedicado su vida a ayudar a personas y a organizaciones a convertirse en la mejor versión de ellas mismas! Nacido en Sydney, Australia, comenzó a hablar y a escribir en su adolescencia mientras estudiaba en una escuela de ciencias comerciales. Desde entonces, cuatro millones de personas han asistido a sus seminarios y presentaciones en más de cincuenta países.

Hoy día, Kelly es un orador, autor, y asesor de empresas aclamado internacionalmente. Sus libros han sido publicados en más de veinticinco idiomas, han aparecido en la lista de superventas del New York Times, del Wall Street Journal, y de USA Today, y se han vendido más de diez millones de copias.

El es el fundador de The Dynamic Catholic Institute / El Instituto del Católico Dinámico, una organizacion sin fines de lucro basada en Cincinnati, cuya misión es reorganizar la Iglesia Católica en los Estados Unidos mediante el desarrollo de recursos de talla mundial que inspiren a las personas a volver a descubrir el genio del catolicismo.

Kelly es también un socio en Floyd Consulting, una firma de administración y asesoramiento empresarial basada en Chicago.

Sus intereses personales incluyen el golf, la música, la literatura, la espiritualidad y pasar tiempo con su esposa Meggie y sus hijos Walter, Isabel y Harry.

EL INSTITUTO
CATOLICO DINAMICO

[MISION]

Volver a vigorizar la Iglesia Católica
en los Estados Unidos desarrollando
recursos de talla mundial que inspiren
a las personas a volver a descubrir
el genio del catolicismo.

[VISION]

Ser el líder innovador en la
Nueva Evangelización ayudando a
los católicos y a sus parroquias a convertirse
en la mejor versión de ellos mismos.

DynamicCatholic.com
Be Bold. Be Catholic.®

The Dynamic Catholic Institute
5081 Olympic Blvd • Erlanger • KY • 41018
Teléfono: 859–980–7900
info@DynamicCatholic.com